アフリカの風に吹かれて

藤沢伸子
Nobuko Fujisawa

途上国支援の泣き笑いの日々

原書房

アフリカの風に吹かれて

藤沢伸子

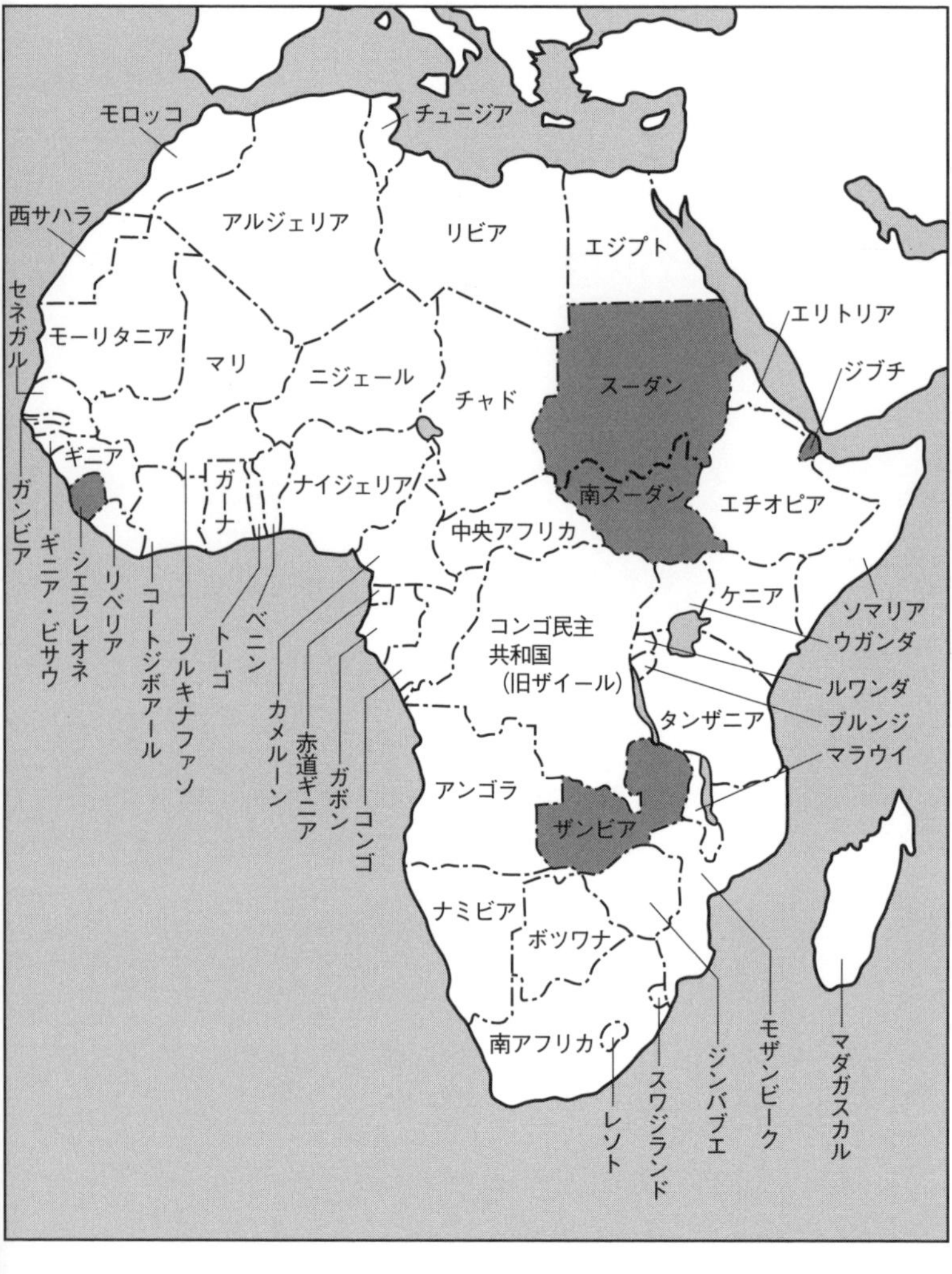
モロッコ
チュニジア
西サハラ
アルジェリア
リビア
エジプト
セネガル
モーリタニア
マリ
ニジェール
チャド
スーダン
エリトリア
ジブチ
ギニア
ガーナ
ナイジェリア
南スーダン
エチオピア
中央アフリカ
ガンビア
ギニア・ビサウ
シエラレオネ
リベリア
コートジボアール
ブルキナファソ
トーゴ
ベニン
カメルーン
赤道ギニア
ガボン
コンゴ
ケニア
ソマリア
ウガンダ
コンゴ民主
共和国
(旧ザイール)
ルワンダ
ブルンジ
タンザニア
マラウイ
アンゴラ
ザンビア
ナミビア
ボツワナ
南アフリカ
レソト
スワジランド
ジンバブエ
モザンビーク
マダガスカル

アフリカの風に吹かれて・目　次

第5章　世界で最も貧しい国——シエラレオネ……211

アフリカの風に吹かれて

第1章　初めてのアフリカ——スーダン

内戦の続く国へ

スーダンは、初めてわたしが訪れたアフリカだった。

一九九〇年代後半、留学していたオランダから、まだ内戦のさなかにあったスーダン共和国（以下、スーダン）の首都ハルツームへと向かった。格安航空券のせいで、ドバイ空港の乗り継ぎにまる一日を要して、実際の飛行距離よりかなり長旅をさせられた気分だった。

ハルツーム空港は、思ったよりも小さくさびれていて、どこか田舎の無人駅に降り立ったような感じだった。

（ここって本当に空港だよね……）

年代物の小さな空港ビルは、塗装がところどころまだらで、屋根にも傷んだところがあり、ガラスの扉は軋《きし》むような音を立てていた。

座席が搭乗口近くだったので、一番乗りでガランとした空港ビルに恐る恐る足を踏み入れる。やがて、乗客の波がどんどん押し寄せ、たちまち空港の建物は活気にあふれ、アッという間に列ができ、わたしは後方へ押しやられていた。

入国審査《イミグレーション》の列で長いこと待たされて、ようやく自分の番になる。

「あんた、日本人？　一体、こんなとこまで何しに来たの？」

入国審査官は、パスポートとわたしをじっと見くらべて、不思議なものを見るように聞いてきた。

「ともだちに会いに」

「へえ。そりゃ、よっぽど大事なともだちなんだ」

当時スーダンは、イスラム原理主義の独裁国家として、諸外国から経済制裁を受けていた。石油資源など利権目当ての投資をつづける中国などの例外をのぞいて、すべての外国から見放されていたようなこの国に、観光で訪れる外国人などほとんどなく、ビジネスや支援活動で訪れる外国人も多くはなかった。

二十代の若い日本人女性が、こんな所にわざわざやって来るなんて、かなりの物好きか、それともほかに特別な事情でもあるのだろうか、と入国審査官の興味をそそったのも無理はない。ドバイからハルツームに到着するまでの飛行機の中でも、わたしはほかの乗客たちの注目を大いに引いていた。

機内はアラブ諸国の出稼先から一時帰国するスーダン人男性ばかりだった。わたしのほうは、この日のために、いつもより念入りにおしゃれをしていた。前の晩は髪にカーラーを巻いて寝たし、伸ばした爪にはきれいにマニキュアを塗っていた。そんな風に着飾ったのが裏目に出て、通路を歩くときには四方八方からやってくる好奇の視線が、わたしにはなんとも痛かった。

入国審査官はわたしの頭から足元までなめるように見渡し、ほかの人たちよりも多くの時間を費やした。それでも審査上は特に問題はなく、入国審査をパスできたわたしは、重たいスーツケースを受け取ると、空港の出口へとヨロヨロと急いだ。

忘れえぬ人々

スーダンに向かう前のわたしは、オランダのハーグにあるＩＳＳ（The Institute of Social Studies・社会学大学院大学）で地域開発学を学ぶ学生だった。

ＩＳＳは、途上国の社会開発問題を専門とする大学院大学で、修士課程および博士課程のプログラムがすべて英語で運営され、アジアやアフリカ、ラテン・アメリカなどの政府機関や国際機関で働く多くの留学生が学んでいる。

ＩＳＳでのわたしの専攻は開発途上国の都市開発を学ぶコースで、政治・経済・産業・環境などさまざまな分野の知識を横断的に身につけながら、全方位的な視点を持って都市開発に携わる人材を養成するという謳《うた》い文句を標榜していた。

授業は一方的な講義スタイルの授業は少なくて、事前に与えられたテーマについて学生にディベートやディスカッションを行わせたり、プレゼンテーションさせたり、またその後もディスカッションに基づいてレポートを書かせたりと、ハードな勉学が息つく暇もなく続いた。

卒業した後のわたしは、途上国支援でも、主に保健医療分野の仕事にかかわることが多くなり、当時学んだ知識を直接的には使ってはいないのだが、この授業方法で鍛えられたプレゼンテーションやディベートのスキルは、苦労しながらも海外で仕事を続けるうえでの基本的な力をつけてくれたように思う。

専攻コースの二十名の学生は、国籍も年齢もバラバラだったが、少人数が常に同じクラスにいるため、自然のうちにみんな親しくなった。

わたしには、日常的に外国人と接する暮らしが新鮮で、ネパール人、コスタリカ人、ベトナム人、ウガンダ人、ルーマニア人など、さまざまな国の人々との交流を楽しんでいた。

お互いの部屋を行き来し、お国料理をご馳走になり、アルバムを見ながらそれぞれの国の文化や暮らしの話をしていると、毎日が小旅行のくり返しのような気分になった。ある日は中国の「満漢全席」さながらに、豊富なメニューの食卓を前に紹興酒を飲み交わし、ある日には英国式のアフタヌーン・ティーで、ちまちま可愛らしいお菓子を食べながら、おしゃべりで過ごした。

クラスメートに、アフメッドというスーダン人の男性がいた。アラブ系の血が混ざるスーダン北部出身の彼は、彫《ほ》りの深い中東系の顔立ちで、これまでイメージしていたアフリカ人とは、かなり違った雰囲気だった。眉間《みけん》にしわをよせ、眼光も鋭く、怖い顔をして授業を受けていた。

いつも着ている薄青色のシャツには、生真面目な性格そのままに、いつも折り目正しくアイロンがかかっていて、堅苦しい印象を強め、最初のうちはこの人とは絶対に仲良くなれそうもないと思っていた。

クラスメートたちとくらべて、知識レベルも経験も、英語能力も劣るわたしは、授業が進むにつれ、毎日、山のように出されるようになった課題を、徹夜に次ぐ徹夜で、やっとこなせるような有様だった。

授業が終わってもなかなか自分の課業を終えられず、そのまま教室に居残ったり、図書館にこもったりしていることも常だった。

課業は、たとえば、当時のアフリカで比較的に発展が先行していたジンバブエのある都市を事例に、「産業開発のための具体的な政策を提案せよ」などというテーマのレポートだった。途上国での経験もなく、ジンバブエという国名すらなじみの薄いようなわたしを、途方に暮れさせてくれるような難題だった。

クラスメートはドライなもので、私が居残りをしていても、取り立てて気にかけもしなかったが、アフメッドだけが何とはなしに立ち寄って、あれこれ助言をしてくれることがあった。

（見かけによらず、やさしい人なのかもしれない……）

とっつきにくい第一印象とは裏腹に、彼はとても親切で面倒見の良い人だった。時々勉強を教えてもらっているうちに、わたしはだんだんと彼のやさしさに絆《ほだ》されるようになっていた。

アフメッド

冬のある日、わたしは学生寮の自室で夜遅くまで課題に追われ、学生たちのパーティーの騒音を恨《うら》めしく聞いていた。

冬休みなのに、休み明けに提出する数々のレポートのために机に向かいっぱなし。ここ数日間、まともにベッドで寝ていない。

オランダの冬の日は短く、午後三時くらいには日が暮れる。暗く寒い冬は寂しさを助長し、この時期にはオランダでも自殺者の数が増えるらしい。その反動ゆえか、夏には人びとは急に開放的になり、南向きの窓を全開にして、自宅の庭や公園でも水着で寝そべったりする人が現れる。それほど日光が恋しいのだ。

寮の学生たちも陰鬱《いんうつ》な気分を吹き飛ばそうとしてか、冬休みになってから、頻繁にパーティーを催している。夜中の二時、三時になっても音楽がやむ気配がない。

要領の悪いわたしには、時間的にも精神的にもパーティーで気分を紛《まぎ》らす余裕はない。

ケニアの学生主催のその日のパーティーの騒音は特にうるさくて、勉強にまったく集中できなかった。寮の一階にあるパーティーホールで盛り上がる人々の甲高い声や楽しげな会話が、最上階（五階）のわたしの居室にも響いてきて、神経を逆なでする。

学友たちのほとんどはレポートを終わらせてしまって、何人かは一緒にパーティーに行こうよと誘ってくれた。わたしも当然、終わったものと思っているようだ。

一人で部屋に取り残され勉強していることが、このうえなく惨《みじ》めに思えてきた。

騒音のせいで、しばらく気づかなかったが、だれかがしきりにドアをノックする音が聞えた。だれだろうとドアを開けると、そこにはアフメッドが一人立っていた。

「最近姿を見ないから、部屋で死んでるんじゃないかって噂してたんだ」

そんな憎まれ口を叩きながら、「パーティーで余ったから」と抱えてきた数本のビールをわたしに渡すと、そのまま足早に帰ろうとする。わたしには、この久しぶりの訪問者が救世主のように思え、彼をなんとか帰すまいと引き留めた。

「一人で飲むのもなんだし、折角だから一緒にビールを飲んでいけばいいじゃない」

「勘弁してよ。イスラム教徒は酒が飲めないって知ってるんだろ……」

付き合いでパーティーに参加したものの、物静かな彼はいささか疲れているようだった。しかし、そのときわたしはどうしても彼を帰したくなかった。

「帰らないで」と素直に懇願したかったけれど、うまく言葉が出てこず、早く帰りたそうな彼をじっと見つめたまま、わたしはこらえきれずにその場で泣きだしてしまった。毎日課題をこなすことに必死で、気づかないうちにホームシックも極まり、精神的に相当参っていた。

アフメッドはそんな様子に観念したように、わたしの部屋の玄関口で靴を脱ぎはじめた。

一部屋しかない居室のテーブルをはさんで椅子に座り、二人でお茶を飲んだ。セントラルヒーティングの暖房が強すぎて部屋のなかはとても暑い。二人とも顔がほてって額《ひたい》に汗をかいていた。

さして共通点のない二人の会話は、それほど弾まなかった。それでも、彼はなんとか場を盛り上げようと、スーダン人やエジプト人の間で流行《はや》っているジョークなど、さまざまに話題を振ってくれたが、わたしのほうは、どこで笑うべきかよくわからなかった。

いっこうに元気になる気配のないわたしに、月並みな言葉をかけても無駄だと思ったのか、こんなことを彼は言った。

「お前が落ち込んでるのを見てたら、なんだか、むしょうに愉快な気分になってきたよ」

意味を測りかねてポカンとしていると、彼はさらに愉快そうに声を立てて笑う。

「これからもお前が落ち込んだときは、冷やかしに来てもいいかな。俺が元気になるからさ」

一瞬、失礼な…とも思ったが、彼一流の励まし方だと気づいた。彼のわたしを見る目は本当にやさしくて、いっそう泣きたい気持ちになった。

ふり返れば、これがきっかけだったと記憶している。

卒業が別れに

その後、わたしたちは急速に仲良くなっていった。教室でも隣同士に座るようになった。放課後もどちらかが出かけるときは、いつもお互いを誘った。一緒に近くの街まで食事や買い物に出かけ、春になると、近くの海辺を二人で散歩した。

　彼は幼少時に交通事故で一度に両親を亡くし、幼い弟たちの面倒を見てきたので、実年齢は五つしか変わらないのに、わたしよりもはるかに成熟した大人の男性のように感じた。わたしは精神的にも徐々に彼に依存するようになっていった。

　やがて一年が経ち、卒業を間近に控えたころ、しだいに不安に襲われるようになった。アフメッドと離れ離れにならざるを得ない現実が、徐々に迫ってきていることを意識しはじめたのだ。卒業した後も何とか一緒にいられないものかと、わたしは何度も彼に無茶な相談を持ちかけた。わたしが泣きながら訴えるたびに、彼のほうは思案に暮れていた。

「二人でオランダに残ろう！」

　そう言いだしたのは彼のほうだった。日本語のできない彼が日本にきても仕事を見つけることは難しいし、わたしの細腕で養っていく自信もなかった。内戦下のスーダンで、わたしが彼と一緒に暮らしていくのも難しいにちがいない。現実的な判断の末に二人が出した結論だった。

　アフメッドは学生のころ、スーダンの反政府活動にかかわったことで、投獄、監禁されたことがあったのだとわたしに話した。そのために、彼の背中には拷問による無数の傷跡が残っていた。その経験をもって、政治難民としてオランダ政府に難民申請を受け入れてもらえるだろうと、彼は考えていた。

「オランダに移住して、二人で仕事を探して、一緒にここで生きていこう！」

卒業の数ヶ月前には、そんなことをわたしたちは本気で話し合うようになっていった。しかし、彼の難民申請は早々に却下された。考えれば当然のことで、「スーダン政府の認可を得てオランダに留学している者が、どうして政府と敵対関係なんだ」と指摘されたらしい。

卒業後、彼はビザの延長もできず、十二月にはあっけなく祖国へ帰っていった。

お互いの部屋を行き来し、いつも顔をつき合わせていた人がもういない。耐え難い喪失感にとらわれ、なかなか立ち直ることができなかった。

二、三週間は何もする気にならず、「修士論文」が期限までに提出できなかった。みんなが卒業した後に、ほとんどの部屋が空き室となった寮で、一人自室にこもって、期限を延して続けた論文作業は、拷問にも等しかった。

わたしはアフメッドに聞いた彼の勤務先のスーダンの電話番号にたびたび国際電話をかけ、電話口で泣き出しては彼を困らせ、後日にやってきた電話代の請求書を見て途方に暮れた。

それでも、彼との電話が命綱になった。自暴自棄になりそうな自分となんとか格闘し、ほかのみんなに遅れること三ヶ月、ようやく論文を書きあげて卒業にこぎつけた。

帰国の日が近づいても、彼と一緒にいたいという気持ちはくすぶり続けていた。あと半月ほどで日本に帰るという頃になり、どうしてもスーダンまで彼を訪ねて行かねばという思いがかき消せなくなった。そのときの強い衝動は、彼と会って一体どうなるのかなどと考える余裕も与えなかった。

そうと決めると、その後の行動は素早かった。オランダに残っている別のスーダン人の友人のつてを頼って、スーダン大使館でビザを取り、オランダからドバイ経由、ハルツーム行きのチケットを予約したのだ。

ハルツームの再会

一九五六年に旧宗主国のイギリスから独立したスーダンだが、九〇年代に入ってもなお長引く内戦に苦しんでいた。

独立して間もなく、独立の主体となった北部のアラブ系住民と南部のアフリカ系住民との間で内戦が勃発し、一九七二年から八三年までの十一年間の停戦期間を除き、内戦は二〇〇五年の和平合意に至るまで続く。

スーダンの内戦は、旧宗主国イギリスが北部のアラブ・イスラム系民族を優遇し、南部の非イスラム系住民を貧困のままに放置したことに始まる南北対立による、文化や習慣もまったく違う民族間の紛争として解釈されている。

しかし、北部にも北の政権に反対するものも多く、一方で、南部の軍や民兵に殺された南部のアフリカ系の人々も数知れない。また、中央集権的な北部のアラブ人政権に対する南部の独立闘争という様相もあるが、さまざまな部族を抱える南部の人々も決して統一された勢力ではない。

さらには、北の政権が軍事独裁化したこと、東西冷戦に巻き込まれ大量に破壊兵器が普及したこと、豊富な石油資源の存在が南北の領土問題を複雑にしていることなどが、内戦を長期化させた。結果的に、スーダンの内戦はアフリカでも最長のものになってしまった。

空港の出口まで走って向かうと、そこには家族や友人を迎える大勢の人でごった返していた。その中に、真っ直ぐこちらを見ている男性がいる。間違いない。北部スーダン人独特の全身を覆う白い衣装とターバンに身を包んだその人が、まさにわたしが再会を待ち望んでいた人だった。

民族衣装を着たアフメッドは、いかにも砂漠の男という出立《いでたち》で、わたしの知っている彼とはちょっと別人に見えた。オランダのころより少し痩《や》せた気がする。若干変わってしまった風貌のためか、たかだか三ヶ月会わなかっただけなのに、数年ぶりに再会するかのような感覚を覚えた。お互い、適当な言葉が出てこない。もどかしそうに突っ立ったまま、ただ表現できない喜びがじわじわ湧きあがるのを噛《か》みしめていた。

「うちまで、ちょっと遠いけど、タクシーを拾っていこう」

そう言って、彼はわたしのスーツケースを軽々と抱え上げ、颯爽《さっそう》と歩いていった。空港を出た所で彼が呼びとめた黄色いタクシーには、右側の後部座席のドアが無くなっているのには面食らった。しかし、そんな事すらもわたしの気持ちをワクワクと湧き立たせてくれた。

われわれこそ、古代エジプト人の末裔《まつえい》だと主張するヌビア人たちの集落が、市街地から離れた砂漠の中にあるという。そのヌビア人の彼の家もまた、そんな集落の中にあった。

わたしがスーダンを訪れた一九九八年にも内戦は相変わらず続いており、特に東南部では戦闘が激化していた。一方、前線から離れている北部のハルツームは想像したよりは穏やかな雰囲気で、滞在中に銃声などを聞くこともなかった。

ただ、諸外国による経済制裁の影響は大きく、立ち並ぶ建物にはほころびが目立ち、道路もところどころ穴が空《あ》いていて、この国の物資の欠乏を物語っていた。

銃口は下を向いている

タクシーが市街の中心地を抜けると、すぐに辺りは砂漠の風景に変わった。わたしたちは延々と砂の上を進んだ。舞い上がった砂ぼこりでたちまちタクシーは砂まみれになり、ドアのない後部座席はあっという間に砂に塗《まみ》れた。

真っすぐな地平線に日が沈みかけていた。その幻想的な情景にうっとりし、写真にとどめておきたいと、後部座席のドアのない場所から身を乗り出してカメラのシャッターを切った。

「何やってんだ！　バカ！」

フラッシュが光ったとたん、アフメッドがえらい剣幕で叫んだ。

何事が起こったのか分からず唖然としていると、後方から突如、ジープが猛スピードで近づいてくる。ジープがわたしたちのタクシーを追い越し、目の前で止まったところで、それが軍の車であることに気がついた。無用心に昂揚していたわたしは突然、冷水を浴びせられた気持ちだった。

銃を肩にかけた軍人の一人が、わたしたちに車を降りろと顎《あご》で指示をした。動揺するわたしをおいて、アフメッドが外へ出て対応する。彼らはアラビア語で何事かを言い合っている。

ここは軍事独裁政権の国だったと、今更ながらに思い出していた。軍事政権を批判したために、多くの人々が拷問にあい、ひどい場合には命を失ったりしていることも聞いていたはずなのに、すっかり緊張感を失っていたことを遅まきながら反省した。

一九八九年のクーデターによりスーダン大統領の座についた軍人出身のオマル・アル＝バシールは、他政党や反政府団体の抑圧、報道規制、シャリア法というイスラム法の強制など、就任直後から徹底的に独裁傾向を強めていた。

海外で出会うスーダン人たちは、口をきわめてアル＝バシール政権を批判していて、オランダでは、わたしの通う学校でも、スーダン人関係者を中心にして、バシール政権打倒の集会がたびたび行われていた。

スーダン国内で、反バシールを叫んだ人々はどうなるのか。多くは徹底的な弾圧を加えられ、獄中で死亡し、あるいは戦意を喪失させられるほどの拷問を受けたのちに釈放されたと、スーダンの友人たちが話していたのを思い起こした。

（大丈夫。銃口は下を向いている……）

そう自分を落ち着かせようとしながらも、尋問を受けるアフメッドを目の前に動揺が止まらない。

時折声を荒げる軍人に対しても、彼は努めて冷静に応えようとしていたようだが、額からは汗が流れていた。わたしの足も小きざみに震えていた。取り返しのつかないことをしてしまったのではないかと、何か、懺悔《ざんげ》するような気持ちで、事の成り行きを見守るしかなかった。アラビア語のやり取りは、まったく理解できず、どうなっているのか分からないまま、途方もなく長い時間が過ぎていったように感じたが、それはほんの十分程度の出来事だった。

しばらくしてわたしたちは、大きなお咎《とが》めもなく解放された。カメラのフィルムを目の前で取り出して処分させられた程度ですんだ。

すっかり委縮して小さくなってしまったわたしを慰《なぐさ》めるような口調で、アフメッドは言った。

「軍隊は時々街でも見かけるかもしれないけど、不審な動きをしなければ大丈夫。今回みたいに、カメラを向けるようなことは二度とするなよ。それから、言い忘れたけど、手足を露出するような服を着るのはやめたほうがいいな。外国人だからって大目に見てくれないファナティックなイスラム教徒もいるんだから」

そのとき、わたしはノースリーブを着ていたが、街中を歩く女性たちが、この猛烈に暑い気候の中、布で全身を覆うような格好をしていたことに気づいた。

アフメッドの家

予期せぬトラブルをなんとか潜り抜け、一時間と少しでアフメッドの家に到着した。彼の家は四角い平屋の建物で、土壁の塀《へい》に囲まれていた。そこに彼と姉夫婦とその子どもたち、弟二人が同居しているのだというが、全員を満足に収容できるほどのスペースがありそうな家には見えなかった。天井の低い家の中はシンプルで、必要最低限のものしか置いていない。造りは意外と近代的なのに、全体から素朴な土の匂いが感じられる。

姉のイマンが出迎えてくれて、宿泊する部屋まで案内してくれた。アフメッドより三つほど年上のイマンは、スーダン人女性らしいしなやかさを持った人だった。

スーダン女性が日常的に着ている一枚布の衣装に身を包み、身軽に動きまわっている。すそを引きずるような衣装なのに、ルーズな感じはなく、身のこなしが優雅だ。彼女ははじめて会ったわたしを、まるで既知《きち》の友人のようにふるまった。わたし自身も、なぜかはじめて会ったような気がしなかった。何度も彼女のことを聞かされていたからだろうか。両親を早くに亡くした兄弟にとって、母親代わりでもあった彼女は、やさしくて芯《しん》が強くて最高に尊敬できる人だとアフメッドは常々自慢していた。

「もう少ししたら夕飯だから、荷物を置いたら中央の大きな部屋で待っててね」

たどたどしい英語でイマンはわたしに伝えた。

家族は朝と晩には中央の広間でそろって食事をする。アフメッドと二人の弟はすでにテーブルを囲んで談笑していた。兄弟だけあって皆どことなく容貌が似通っている。アフメッドの家族には、わたしが彼を訪ねて観光に訪れた親しい友人の一人だと紹介され、とくに疑問に思われている様子もなかった。

結婚もしていない男女が一緒にいることはスーダン社会では受容されることではない。わたしたちの関係はあくまで「友人」でなければならなかった。されど、アフメッドの姉のイマンだけは、どうやらわたしたちの事情を察しているようだった。

広間の壁に、アフメッドがメッカで買ってきたという、カーバ神殿の大きなポスターが貼ってあった。彼がオランダからスーダンに帰国したときは、ちょうど巡礼月に当たり、帰国途中にメッカへの巡礼に加わったのだった。

「俺はメッカに行って人生観が変わった。あの神聖な場所で、アラーの神のパワーを間近で感じることができた」

メッカの思い出話をアフメッドは、わたしや弟たちに得々と語った。弟二人は兄の話をうらやましそうに聞いている。北スーダンの人々の多くは熱心なイスラム教徒で、チャンスさえあれば、いつかはメッカに行きたいと思っているのだそうだ。

わたしにとっては、あまり興味をそそられない話題だったので、適当に合槌《あいづち》を打って聞いていた。アフメッドはそれを察したのか、突然口を噤《つぐ》んで、メッカの話を終わらせた。

「お前がイスラム教徒じゃないのが残念だな」

と彼が言うので、なぜかと聞くと、

「この世の真理が分かってないのと一緒だ」

と言った。

彼の信仰心はオランダにいる時よりも、さらに強くなったようだ。この国のモスクから流れてくるお祈りの声はとても美しく、毎日五回も聞いていたら、そのうちわたしもイスラムの神秘的な世界へ引き込まれていくのだろうかと考えた。

スーダン人の日常

夕食の時間は午後九時過ぎだった。イマンが直径五十センチはありそうな大きな金属の皿をテーブルの真ん中にデンと置く。そこに肉の入ったシチューのようなものが注がれ、パンが細かくちぎって入れられる。さらにヨーグルトのようなものも加えられ、すべてがぐちゃぐちゃにかき混《ま》ぜられる。見た目にはあまり食欲をそそらない。

アフメッドと二人の弟とイマンの旦那《だんな》さんと息子、五人の男たちが集まってきてこの皿を囲んだ。イマンと娘は別の場所で食べるらしい。わたしは客人ということで、男たちの中に加えられた。銘々《めいめい》が皿から直接手づかみで食べ物を口にはこぶ。

イマンの旦那さんが遠慮しないでもっと食べろと進めてくれるが、正直、見ているだけで食欲が削《そ》がれる光景だ。あまりにぐちゃぐちゃにかき混ぜるんだもの。「疲れていて今日はあまり食欲がない」と言い訳したものの、明日からもこの手の食事に参戦できるのか、自信がなくなった。

食事が終わって、一息ついたところで、ようやくリラックスできてきて、日本の家族に連絡していないことを思い出した。オランダから直接帰国する予定だったので、日本の家族はわたしが今、スーダンに立ち寄っていることなど、つゆとも知らない。

電話を貸してくれというと、「お茶を飲み終わったら電話のところまで連れて行く」といわれ、しばらく待っていた。ミルクと砂糖でとても甘く、茶葉の風味などまったく感じられない食後の紅茶を飲み終わると、アフメッドは「さあ、行こうか」と突然立ち上がって外に出た。

電話をかけるためには一時間ほど歩いた所にある、テレフォンセンターに行かなければならないらしい。すっかり寛《くつろ》いで、ぼんやりとしていたわたしは慌てて彼の後を追う。

日がとっぷり暮れていて、外は真っ暗だった。街灯などはまったくないのだ。懐中電灯の明りを頼りに暗闇をおっかなびっくり進む。昼間はかなり暑かったのに、夜は多少肌寒くなっている。夜空にまたたく星の数に圧倒され、「数え切れないねえ」と私がつぶやくと、「星はそもそも数え切れないものだろう」と彼は不思議そうに笑った。

「テレフォンセンター」とは、普通のプッシュホン電話が数台置いてあるだけの小ぢんまりした施設だった。このあたりでは、国際電話をかけられる所はここしかないらしい。

日本は朝早い時間だったためか、何度コールしてもだれも電話を取らない。

「往復で二時間も歩かなきゃいけないのに！」

長時間歩いた後の疲労もあいまって、腹立たしげにつぶやいた。

「また明日来ればいいだけじゃないか」

と、彼はイライラするわたしをふたたび不思議そうに眺めた。


朝、目が覚めると、すでに男たちは皆仕事に出かけていた。首都郊外に住む彼らはみな勤め人なのだった。

アフメッドは当時、ある民間投資会社に勤めていたが、わたしのために数日間の休暇を取ってくれていた。昨日は白い民族衣装で、ラクダで移動するような出立だったが、今日は普通のシャツ姿だ。やはり、いつもの青いシャツだった。

朝食にパンが用意されていたが、パサパサしていて味気なくて、わたしの食欲を刺激する代物ではなかった。折角用意してもらって申し訳ないので、無理やりパンのかけらを口に詰めて飲みこむ。

イマンと十歳になる娘は庭で洗濯をしていた。あなたの分のお水も汲んであるからと、シャワーを浴びるように促された。トタン板で囲まれた小さなスペースに、トイレをかねた浴場がある。そこで水浴びをしろということだと理解した。

トイレは、地面に小さな穴があいていてコンクリートで固めてあるだけで、もちろん水洗ではない。慣れないと多少臭いはきつい。

水の入ったジェリカン（元々はジープなどに搭載する二十リットル入りの石油缶）を浴場に運び込もうとする拍子に、伸ばしていた爪が折れてしまい、ジェリカンを落としてしまった。注ぎ口から水がこぼれ出るのを見てイマンの娘が、ジェリカンをひょいっと起こして持ちあげ、軽々と浴場に持っていき、「早くこい」というようにわたしを手招きする。

「たかだか二十キロ程度の重さに苦戦してどうするのよ」と言いたげな顔だ。

家には水道などない。女性たちは毎朝、近所の共同の水場まで水汲みに行く。この家ではイマンとその娘の仕事だ。家族七人分の生活用水を確保するのはキツイ仕事だろうと思う。そのうえに、居候が一人加わってしまい、余分な水を汲まなければならないことを思うと、肩身が狭い。

この家にはロバが一頭いるが、痩《や》せていてなんだか頼りない感じだ。だが、このロバでもわたしよりははるかに役に立つのだろうな、と情けないことを考えた。

南部人に奴隷の歴史

朝の支度が終わると、アフメッドがわたしを街へ市内観光に連れ出そうと待っていてくれた。タクシーや乗り合いバスを乗り継いで、ハルツーム近郊のオンドゥルマンと呼ばれるマーケットに出かけた。

乗り合いバスは軽トラックを改造したもので、これでもかと乗客がぎゅうぎゅうに詰めこまれていた。

乗客は突然乗ってきた華奢《きゃしゃ》な若い外国人女性を物珍しく思っている様子が隠せず、老若男女がわたしを凝視していた。敵意を感じる視線ではなく、純粋に好奇心の目だ。ふと目が合った小さな子どもに微笑《ほほえ》むと、恥ずかしそうに目をそらした。

オンドゥルマンに着くと、そこも人で賑わっていた。ここが内戦下の国であるという事実をまた忘れてしまいそうになるほどの活気だ。物資が少ないとはいえ、スーダン最大のこのマーケットには日用品から伝統工芸品まで、さまざまなものが売られている。

地方からやってきて、路上でお茶やたばこを売っている行商もいる。色が黒く背の高い人たちもいれば、やや色の薄い肌の中東のアラブ人にしか見えないような顔立ちの人たちもいる。同じ国の中にここまで多様な人種や部族がいるのかと、スーダンの社会状況の複雑さを垣間見たような気がした。

頬に直線三本の傷痕がななめについている人たちがいて、彼らからビーズで作ったブレスレットをお土産に買った。彼らは日本人のわたしを珍しがって、わたしのカメラで一緒に写真を撮ろうという。写真が出来たら送るからというと、「自分たちは、あちこち移動して暮らしているので、送り先になる住所はない」のだそうだ。

それにしても暑い。日の当たる場所を数分歩いただけで、皮膚から急速に水分が失われて干からびていくのが分かる。このまま歩き続けたら脱水症状を起こすのではないかと不安に思いはじめた矢先、アフメッドが「休憩しよう」と提案した。彼のほうはまったく消耗した様子がない。

マーケットの中にある小さなレストランに二人で入り、のびきってぶつぶつ短く切れているスパゲティーを食べた。あまり美味しいといえるような代物ではない。飲み物はアフロコーラという名のボトル入りの炭酸飲料で、蛍光色のような突飛な黄色をしている。数口飲んだアフメッドの舌が真黄色に染まっていくのを見て、それ以上飲むのをひかえた。

お店で給仕するスタッフに混《ま》じって、一人黙々と床掃除をしている人がいた。漆黒《しっこく》の肌をした細身の青年は、顔立ちが割りに平面的で、周りのアラブ系スーダン人たちとはだいぶ違う。彼は南部スーダンから来た人らしい。

スーダンでは、昔からアラブ系住民が南部のアフリカ系の人々を奴隷として使ってきた歴史があり、そのために、ハルツームにいる南部出身の人々は未だに雑用や重労働などの下働きに使われることが多いのだそうだ。アフメッドは苦々しい顔でそう説明した。

ホスピタリティーに感謝しつつも

その日の夜、わたしは激しくお腹を壊した。携《たずさ》えてきた正露丸でもとても効きそうにない鋭い腹痛に額から冷や汗がダラダラ流れてくる。

異変を察したイマンに、「何か変なものでも食べたの？」と聞かれたが、心当たりがあった。アフロコーラの代わりに食堂のポットの水を飲んだのはまずかった。透明な水差しに入った水は濁りもなく、キラキラと輝いていた。

すでに体内のかなりの水分を失っていた身体《からだ》には抑えが利かず、コップで一杯、二杯と飲み干した。しかし、あれはやめておくべきだった。

幸いにも、その日の腹痛はやがて治まっていったが、これを境に、出される水や食べ物に警戒心を抱くようになった。それにアフメッドの家族も、自分たちの食べ物をわたしにむやみに進めてはいけないという教訓を得たらしい。それ以降の食事は、わたしの分だけ別に用意されるようになった。

その後の数日間は、アフメッドの家に滞在しつつ、日中は市内観光に連れて行ってもらう日々が続いた。取り立てて観光名所があるわけでなく、どこか北のほうから持ってきた遺跡の一部がまばらに展示されている以外は、これといって何もない博物館で一日を過ごしたり、アフメッドの友人の家でお茶を飲んでだべっていたりしていた。そのようなノンビリした日々もそれはそれで楽しかったのだが、ひとつだけ気にかかることがあった。

アフメッドの家族は、到着した日からこれ以上ない程もてなしてくれている。

イマンが私のために、朝の水くみも余分な回数をこなしていること、毎日焼きたてのパンを買いに数キロ離れた所まで歩いていること、さらにわたしの分の食事を用意するのに余計に時間をかけていることにも気づいた。

これほどまでに客人をもてなすのは、彼らにとって当然のホスピタリティーなのかもしれないが、その気遣いが申し訳なく、次第に居候生活を気詰まりに感じるようになってきた。

結局、六日目にはアフメッドの家を出ることにした。

「夜中に本が読みたいので、一日中電気のあるところに移りたい」

と言い訳をし、アフメッドに紹介してもらった市街地のホテルに移った。

ホテルは旅行者用の安宿で、決して清潔とまでは言えなかったが、建物内に水道管が通っていて、気兼ねせずに水が使えた。久しぶりにシャワーからとめどなく流れる水を堪能し、一人で放っておかれる心地よさも満喫した。

ところが、しばらくして水道管が壊れてしまい、ホテルの従業員がバケツに水を汲んで用意してくれたが、手を洗うにも、体を洗うにも、貴重な水をチビチビ使わなければならない。フロア共通のトイレは水が流れないために、どうにも行き場のない汚物がうず高く積もって恐ろしいことになっている。このトイレを使うのは、わたしには大きな苦痛だった。

乾季の三月、三階に位置したわたしの部屋は日中、地獄のように暑くなった。天井に取り付けられた大きな扇風機はガラガラと、そのうちに落ちてくるんじゃないかと思うような音を立てて回るばかりで、いっこうに涼しくならない。どうにも耐えられないので、一階の風通しの良いレストランへと避難した。

「何か注文をしてほしい」

とウェイターに言われるので紅茶を頼んだ。ウェイターが持ってきたポットから注がれたお湯は、ティーバッグを入れる前からうっすらと茶色く濁っていた。

「このお湯、何でこんな色なの？」

「水道管が壊れたんで、そこのナイル川の水を汲んできたんです。でも、沸騰させたので大丈夫ですよ」

ウェイターは悪びれずにそう応えた。

仕方なく、ナイルの水で淹《い》れた紅茶を口に含んだ。気のせいかちょっと泥臭い味がした。

ナイル川の「水の洗礼」

帰国する日の前日、アフメッドが計画してくれて、家族全員と親戚の人々を混じえて「ナイル川クルーズ」に出かけることになった。中型の屋根付きの船を貸し切り、船の上で、お昼を食べ、おしゃべりに興じた。

アフメッドの一家にとっても、家族みんなで外出するめったにない機会となったようで、女性たちはおのおの余所行《よそゆ》きの衣装を着ている。頭からつま先まで覆う一枚布の衣装は、赤、紫、ピンクと色とりどりで美しく、ナイル川の景色に良く映える。

男たちはみな白装束にターバン姿だ。わたし一人が異国の余所者であることを、当たり前のことながら、強く実感した。

ハルツームはエチオピアのタナ湖から流れてくる青ナイルと、ウガンダから流れてくる白ナイルの合流する地点にある。合流地点で両者の色を比べてみると、たしかに微妙に違ってはいるが、近くで見るとどちらも泥の混じったような濁った色に見えた。

「この水を飲んじゃったのか」とげんなりした。しかし、この濁りは、上流から養分を含んだ土を運んでくるためで、そのためにナイル周辺の土壌は肥沃なのだと教わった。

船端《ふなばた》からナイルの川面《かわも》を眺めていると、アフメッドの従妹《いとこ》で大学生のカディージャが近づいてきた。同世代の親近感からか、筆で書いたように美しい眉の下からのぞく好奇心旺盛な大きな目でじっとこちらを見つめ、いろいろと話しかけてくる。暑かったためか、頭を覆っていた布を剥ぎ取ると、細かくウェーブのかかった長い髪がこぼれた。

「未婚女性がこんなところまで一人旅ができるなんて、自由でうらやましいわ」

この国では海外に出られる境遇の人は限られ、ましてや女性となれば、一人で行動することなどほとんど考えられない。

それでも開放的な家に育った彼女は、大学にも通い、卒業したら一般の会社でしばらく働きたいと望んでいる。結婚するまでが自分に許された自由時間なのだといい、わたしの境遇を心底うらやましがっているようだった。

いろいろと話すうちに、すっかりわたしに気を許したカディージャは、いま同じ大学に秘密のボーイフレンドがいることも話してくれた。お茶を飲んだり、大学のキャンパスを散歩したりする程度の仲なのだそうだ。それでも「家族には内緒にしてね」と念押しをされた。

自由恋愛のできる国であったならば、さぞかしもてたであろう容貌の彼女には、親の決めた婚約者がいる。いずれは、その人と結婚することも承知しているという。

好きな人と一緒になれない苦しみも、好きでもない人と一緒にならなければいけない苦しみも、この国の女性たちは当然のように受け入れている。

巨大なナイルの濁流は、何もかもを飲み込んでしまいそうなほどの水量をたたえていた。高温の上に乾いた砂漠地帯であるこの地域にとって、ナイル川がいかに多くの恵みをもたらしていることか想像に難くない。周辺の緑は目に痛いほど鮮やかで美しい。

「ナイルの水を飲んだものはナイルに帰るっていう諺《ことわざ》があるんだよ」

ナイル川を見入っているわたしに、アフメッドがそう言う。その声は、雲の上かどこかから聞えてきた声のようで、現実味のないものに聞えた。ここにいることが不思議なことのように感じた。

つい十日ほど前までは、戦争も貧困も別世界の出来事のようにしか考えていなかった。電気も水道もない不便さも、自由に行動できない窮屈さも、文化や宗教の違いも、恋愛の成就によって越えられるとどこかで信じていた。しかし、それはわたしの無謀な思い込みであったという考えが、否定しようもない程に大きくなっていた。

あれから十年以上経った。それなりに分別のついた大人になって、あの頃のことをふり返ると、当時の軽はずみな自分が懐かしく、恥ずかしく、また微笑《ほほえ》ましく思い出される。

アフメッドはその後、スーダン人女性と結婚し、二児の父となっている。最近のメールで送られてきた写真の彼は、体形もふくよかで、頭髪も薄くなり、笑ってしまうほど昔の面影がなくなっていた。

ただ、家族と一緒にいる幸せそうな彼の目には、内戦の国を生きのびた男の〝鉄の意志〟のようなものがうかがえる。

内戦もついに二〇〇五年に終結し、南北スーダンは現在、多くの不安材料を抱えながらも、民主化と復興の途上にある。

一方のわたしは、その後の仕事の関係で貧困と戦争をより身近に感じる赴任地を転々とすることになった。彼が教えてくれた諺どおり、十年後には、「再びナイル川のある地域に帰る」ことにもなった。途上国の暮らしにも少しは慣れてきて、現地食を食べてお腹を壊すようなことはほとんどなくなった。

あのとき飲んだナイルの水は、密《ひそか》にわたしに免疫力をつけてくれていたのかもしれない。

第2章 新たな独立 —— 南スーダン

アフリカの友人、紗世さん

難民となって他国を流浪した人々が、十数年ぶりに故郷に帰り、家族との再会を果たす。一体、その感動はどれほどのものだろうか。

「故郷の地を踏む人々の逞《たくま》しさに圧倒されます。予測できないトラブルがあったりもして戸惑《とまど》いも多いのですが、とてもやりがいのある職場です」

わたしがジブチに赴任したころ（二〇〇五年三月）、南部スーダン（現、南スーダン共和国）に赴任した友人から時々メールが届いた。メールには、任地である南スーダンの首都ジュバや地方の様子、そこでの難民支援のための活動の様子が書かれていた。ジュバは南スーダン最南部の中央エクアトリア州の州都でもあり、白ナイル川に臨む都市。ハルツームから南に約千二百キロに位置している。

紗世さんはザンビア滞在時代に知り合った友人で、わたしより五歳ほど若いけれど、長らく援助の最前線で活躍してきた人だ。当時は、アドラ・ジャパンという日本の国際支援ＮＧＯのスタッフとして南スーダンに派遣され、他国に難民として流れていた人々が、祖国に戻って定住するための支援に携わっていた。

メールには時折、彼女が撮った復興中の南スーダンの写真も添付されていた。背景には何もなくて、ただ広大な大地の上に半ば裸の子どもたちと一緒に映る紗世さん。辺鄙《へんぴ》というよりは未開地に近いような印象を受ける。それにしても、写真の彼女の表情はとても生き生きしている。

ジブチの難民キャンプで働いていたころには、このようなメールを受け取ると、心底うらやましい気持ちになった。ジブチでは、いつも難民に翻弄《ほんろう》されながら、なかなか仕事にやりがいを見出せずにいたのだ。

しかし、数年前までは、南スーダンの人々も、ジブチの難民たちと同じような状況に置かれていて、長い人では二十年近くも祖国を離れ、難民キャンプの生活を送っていた。

二〇〇五年の一月、南北スーダンが和平合意を結び、「終わりのない」といわれたスーダンの内戦が、ついに終結した。一九五六年にイギリスから独立して以降、途中十一年間の停戦状態の時期を除いて、実に四十年近くもの間、スーダンは内戦のさなかにあった。

二百万人以上の尊い人命が奪われ、四百万人が故郷を追われ、その内の六十万人近くが国境を越えて難民になったといわれる。内戦終結後、特に激戦地であった南部スーダンから、難民となってケニアや、ウガンダ、エチオピア、チャド、コンゴ民主共和国など、周辺国に逃れた人々が続々と故郷に戻ってきている。

二〇〇八年の四月、わたしはその南スーダンを訪ねることにした。

長い苦難の後についに故郷の地を踏み、祖国再建の歓《よろこ》びに燃える人々は、どんな表情を見せるのだろうか。内戦で犠牲にした人生を回復することはできるのか。そんな思いを持ったのが、南スーダンに行こうと思ったきっかけだった。

ザンビア、ジブチと数年間続いたアフリカ生活を終えて、そのころ、わたしは心身ともに少し疲れを感じはじめていた。

年齢的に、三十代も後半を迎えるようになることも大きいのだろう。頬《ほお》やこめかみに出現した小さなシミが、アフリカの強烈な日差しを浴び続けて年々目立つようになってきて、鏡を見るたびにため息をつくようになる。

「途上国にばかり出かける仕事なんて、もうやめたら？」

当時、細々とお付き合いが続いていた人には、たびたびそう言われたものだった。日本でまったく畑違いの仕事をしている彼には、わたしがなぜアフリカで仕事をするのか、理解できないようだ。それに遠距離恋愛を続けるのも、そろそろ潮時と思っていたらしい。結局、南スーダンに行く前に、別れを切り出されてしまった。

「君には悪いけど、僕はやっぱり、家に帰ったらご飯が用意されていて、お風呂が沸いているような生活にあこがれるんだ」

最後に言われたのは、そんな言葉だった。

「それじゃあ、わたしは家政婦がわりなのかしら……」

と憎まれ口のひとつくらい、ぶつけてやろうかと思ったがやめた。うまく行きそうもない関係に向こうから見切りをつけてくれたんだから、感謝しなければならないのかもしれない。

しかし、この事で、わたしの気持ちは一時期大きくぐらついた。三十代後半になってからの失恋は、二十代のころよりも回復に時間がかかる。なぜ自分はプライベートまで犠牲にして、好きこのんでアフリカでの仕事を続けようとしているのだろうかと、今更ながら自分の生き方に迷いが生じるようになった。

同じ仕事をしている独身女子がみな、年齢とともに保守的になる。長らくアフリカで働いた人が、東南アジアの仕事に宗旨《しゅうし》替えする。たしかにアジアの国々のほうが物価は安いし、食事も美味しく、比較的治安も良い。土地の文化も日本人に馴染《なじ》みやすく人々の気性も穏やかだ。なによりも日本から近い。

南スーダンに行く方法は？

二〇〇七年の十二月にジブチから帰国した。それまで所属していたＮＧＯとの契約期限は切れており、この先の仕事をどうするか考えるには良いタイミングだった。どこか旅行でもして自分の将来を考え直してみようかなどと思っていた。それなのに何を血迷ったのか、思い立った行き先は南スーダンだった。休職中にもアフリカに行きたがるなんて、自分はよっぽどアフリカに惹《ひ》かれるものがあるのだろうか。

でも、南スーダンって、どうやって行けばいいのだろう。

それが意外に難問だった。初めは、北スーダンの首都であるハルツームを経由してから、南スーダンの首都であるジュバに移動する計画を立てていた。十年前、まだ内戦中に訪れた北部スーダンがどのように変化したのかも確かめてみたかったからだ。

十年以上前に、わたしが訪ねたハルツームは、諸外国からの経済封鎖で物資も乏しく、街全体が埃《ほこり》をかぶったような印象だった。しかし、今ではアラブ諸国や中国などから外国資本が洪水のように押し寄せているという。大きなビルがいくつも建ったという話も聞いていた。

ところが、東京にあるスーダン大使館で取得したビザでは、北スーダンには入国できても、南スーダンには入れないといわれた。南への入国のためには、別のビザが必要だと大使館員に教えられた。

内戦は終わったが、後《のち》の南スーダン共和国は当時、南部暫定政府の統治下にあること、しかも南への入国ビザは、日本では取得できないこともわかった。そのうえ、いくつかの旅行社に問い合わせてみたものの、ジュバまでの飛行機のチケットを予約できるところは見つからなかった。

わたしがふと思い立って行動を起こすのはいつものことながら、今回はあまりにも難易度の高い旅行のようだ。いざ南スーダン行きを決意したものの、入国方法すら分からない国なんて初めてだった。日本からの旅行者なんて、ほぼ皆無だろうから仕方がないのかもしれない。

旧友のよしみで、南スーダンにいる紗世さんに入国手続きをお願いできないか相談したところ、意外にあっさり引き受けてくれた。彼女の所属するアドラ・ジャパンの帰還民支援の活動もぜひ視察させてもらえないかと図々《ずうずう》しくお願いしたところ、それに対しても快い返事がもらえた。

結局、アドラ・ジャパンの東京事務所のすすめもあり、ケニアのナイロビ経由でジュバを目指すことになった。航空券の予約も南スーダンのビザの取得もみんな、紗世さんとアドラの事務所のお世話になった。

さまざまな障害を乗り越えて出発にこぎつけ、初めての場所に向かおうとしているのに、出発前の高揚感がなぜか沸いてこなかった。

ナイロビからジュバに向かう飛行機の窓から見えるのは、見渡す限り緑のカーペットを敷き詰めたような景色。ほかには、道路も建物も人家もいっさい何も見当たらない。小さな飛行機の客席には映画スクリーンもないので、ひたすら考え事をする時間に事欠《ことか》かなかった。

もし日本で普通に就職していたら、一体どんな人生を送っていたのだろうか。結婚して、家事や育児に追われている自分を想像してみたものの、いまいちリアリティーに欠けた。

飛行中は考えてもしょうがないようなことを、グルグルと思いめぐらしていた。

復興途上の首都ジュバ

アフリカの途上国でも、一国の首都ともなればそれなりの都会らしい雰囲気を持っている。そこに向かう飛行機が、農村から都市部に入って行くにつれて、急激な変化を見せる。まばらに点在していた家々がだんだんと密集し、コンクリートの高層ビルが目立つようになり、人や車の数が急増する。都市と農村の落差は、むしろ先進国よりも激しいことが多い。

しかし、ジュバにたどり着くまでには、まったくそのような変化を感じないまま、飛行機はいつの間にか空港に着陸していた。

ジュバの空港は、今まで訪れたどの空港よりも小さくて頼りなかった。

南北スーダンの和平合意が締結されてから、すでに三年近くが経過していたが、空港の中もその周辺にもまだピリピリとした緊張感が漂っていた。

ジュバには国連の平和維持軍（ＰＫＯ）が常駐して、空港周辺を巡回している。飛行機から降りると荷物チェックがあり、数人の検査官のいるカウンターに乗客の人だかりができている。

機械が導入されていないので、ひとつひとつ手作業で時間がかかる。ナイロビからの飛行機に乗っていた人々のほとんどが、平和維持軍の兵士か援助関係者のようだった。

荷物のチェックを終えると、ごった返す空港の中で、幸い迎えてくれた紗世さんをすぐに見つけることができた。四年ぶりに再会した彼女は、すっかり日に焼けてますます逞《たくま》しくなっていた。童顔で年齢不詳なのは相変わらずだったものの、二年近くもこの地で鍛えられてきた証《あかし》なのだろうか、小柄な体に不思議な貫禄がそなわっている。

紗世さんの迎えてくれた四輪駆動の車で、アドラ・ジャパンのジュバ事務所に向かう。空港を離れると、道路は舗装されていないので、運転手もあまりスピードは出せなかった。

砂埃《すなぼこり》をまき散らしながら、ハイスピードで走る乗用車に追い越されるたびに、こんな狭い地域で何かに追われるように急ぐ必要があるのかなと思ってしまう。

復興作業が進められているとはいえ、街の様子はほかのアフリカの首都と比べると、大分見劣りがする。それでも紗世さんは、「この二年間で街は劇的に変わった」という。

道路の両側には、トタンなどで造った簡素な人家が点在していた。続々と他国から戻ってくる帰還民の需要に対して、住居の建設が追いつかないので、テントを張って暮らしているような人たちもいる。多くの人々が雑然とひしめき合って生活を送っている様子だ。

民家に混ざって、ところどころに存在感を見せるコンクリートの建物も、なんとなく間に合わせで造った感じがするものばかりだった。そのほとんどが国連機関や国際NGOの看板をかけていた。わずか数キロの距離を行く間に、援助機関の事務所にこれだけ数多く出くわすとは、集中的に海外援助が入り込んでいることが想像できた。

だが、その援助関係者を収容する宿泊先の建設も追いついていないようだ。需給バランスがあまりにも悪いためか、数少ない外国人用ホテルの宿泊料は驚くほど高騰していた。

近隣のアフリカ諸国ではおそらく、五十ドルしないであろう質素な部屋に対して、百ドルや百五十ドルなどの高額を要求される。さらに驚いたのは、キャンプ用テントを張って、ベッドや机を運び込んだだけの仮設の宿泊施設でも百ドルも要求するのだ。

簡単に宿泊先を探せるだろうと考えていたわたしは、手持ちのドルが底をつくのではないかと心配になってきた。申し訳なく思いつつ、紗世さんに相談すると、アドラ・ジャパンの事務所の敷地内にある建物に安く滞在させてもらえることになった。何から何までお世話になって、面目ない気持ちだ。

スタッフのケニア人ビクトリア

アドラの事務所は、空港から二十分程度走ったところにあった。四方を有刺鉄線で囲まれただけのだだっ広い野原のなかに、小さな平屋の建物がある。昨今ジュバの治安が悪化してきており、国連機関の建物にも強盗が押し入ったとニュースになっていた。

敷地内にやたらに犬がいっぱいいるのは、番犬用に飼っているのかと思ったら、野良犬が勝手に入ってきて繁殖してしまうとのこと。しかも、お腹が空いている時には敷地内にいる山羊《やぎ》を襲うほど野性化した犬たちらしい。

「人を襲ったことはないので、大丈夫だと思いますよ」

紗世さんはそう言って、涼《すず》しい顔で、何匹もの犬たちの間を進んで行ってしまった。犬が吠えてもまったく動じない。わたしのほうは犬が近づいてくるたびにビクビクして、彼らの注意を余計に引いてしまっていた。

わたしが宿泊するのは、アドラの外国人スタッフが滞在する職員宿舎だった。そこには紗世さんのほかにも、ケニア人スタッフ数名が宿泊している。ほかのアフリカ諸国でも働いてきたような経験豊富な人たちばかりだった。

到着した日の夜、紗世さんとケニア人スタッフ数名が、宿舎の食堂で小さな歓迎会を催してくれた。お酒も飲まないのに異様に盛り上がった。きっと、みな、何かしら理由を見つけて騒ぎたかったのだろう。

食事はケニア人が主食とするトウモロコシの粉を練ったウガリに加え、普段よりちょっと多めらしい数のおかずが用意されていた。

アフリカ諸国を渡り歩いてきたケニア人スタッフたちが、「ここの環境は、ほかの赴任地よりもひどい」とこぼす。

たしかに、質素といえば、これほど質素な暮らしもない。ジュバには電気が普及していないので、事務所の敷地内で発電機をまわしている。しかし、燃料費用もかさむので、限られた時間帯しか発電機がまわせない。

夜は十一時と割と早目に床につき、朝は五時、六時に起床する健康的な生活も、連日続くと逆にストレスにもなるらしい。

夜、出歩いて遊ぶような所もない。仕事が終わったら、特にすることもなく、たいがいの日は皆、自室で同僚とだべったり、本を読んだりして過ごしている。

治安が悪く、生活も不便なうえにたいした娯楽もないこの環境が、外国人スタッフにとって多大なストレスを与えることが考慮され、ほとんどの国際機関では外国人スタッフに対し、勤務六週間程度につき一週間の離任休暇を与えていた。

ベテランのスタッフで、ビクトリアというケニア人女性がいた。大のパーティー好き、お酒好きの彼女は、この規律正しい宿舎の生活の中でも、ムードメーカーのような存在だった。

「この宿舎はお酒の持ち込み禁止だから、余計にストレスがたまるのよ」

と文句を言いながら、自分の部屋から大きなCDプレーヤーを持ちこむ。ケニアの音楽だろうか、軽快で楽しげなリズムの曲が流れだした。

音楽がはじまると、ケニア人スタッフたちは、それぞれがコカコーラのビンを片手に椅子から立ちあがり、リズムに合わせて踊りだした。ビクトリアも、太めの体型を俊敏にゆらし、見事な腰つきで踊る。

踊り慣れない日本人のわたしたちも、つられるようにして踊ったが、彼らの天性のリズム感にはかなわない。

彼らの逞しくメリハリのある腰まわりや腕まわりを見ていると、日本人とは筋肉のつき方が違うのだろうと思う。太めなビクトリアの体でさえ固く締まった感じで、抱きつかれると弾力ではじき返されそうな感じだ。

パーティーは討論の場へ

何曲か踊り終わったら、シャツににじむくらい汗をかいてしまった。少し清々《すがすが》しい気持ちにもなり、わたしたちは再び自分の席に落ち着いた。くり返し流れる同じようなメロディーが、頭にこびりついて離れない。話はさまざまに盛り上がり、その座はいつの間にか海外援助に関する討論の場と化していた。

「海外援助なんて、しょせんは先進国による形を変えた途上国支配でしかないのよ。ネオ・コロニアリズム（新植民地主義）よ！」

体を動かしたことで気分も開放されたのか、ビクトリアは迫力ある声で援助の批判をはじめた。

「欧米人がわたしたちアフリカ人に言うのは、いつも同じで、民主主義、ガバナンスの透明性、経済発展。でも、彼らのわたしたちへの態度のどこが民主的だっていうのよ？　彼らが押し付けてくるガバナンスのどこに透明性があるっていうの？　経済発展なんて言いながら、わたしたちの資源をこれまで散々搾取《さくしゅ》してきたじゃないの！」

海外からの途上国援助にひそむ偽善性を感じながら、仕事を続けている開発援助ワーカーは結構多い。

途上国の自助努力を言いながら、実際は重要問題のほとんどを海外の援助機関が決定し、相手国の事情や成長ペースもおかまいなしに、ドカドカと予算をつぎ込む。しかし、うまく効果が上がらないとなると、受け入れ国側のガバナンスの不透明さや、民主主義制度の不完全さに問題があるからだと批判する。

アフリカの中でも、とりわけ優秀な人材が多いケニア人のプライドからだろうか。それとも援助現場を長年渡り歩いた末に身についた、シニシズム（冷笑主義）からか。ビクトリアは、現在のアフリカに対する援助のあり方には、かなり批判的な意見を持っているようだ。

そうはいいつつも、援助のあり方をやり玉にあげながらも、結局はそういった矛盾と折り合いをつけながら、仕事を続けている自身の立場も無意識に防衛しているようだった。

援助する側とされる側の中間にいる彼女の主張は、話の中でどちらの側にもぶれて、批判なのか擁護なのかどちらとも取れる発言になっていた。

援助の仕事にまつわる苦労や矛盾についての議論はとめどなく、夜通し語り明かしそうになったものの、夜十一時になると唐突に電気が消えた。消灯時間が来ることをうっかり忘れてしまうほど、話に花が咲いたのだ。

皆、次の日も仕事を抱えているため、床に就《つ》くことにした。暗闇の中をロウソクの灯《あかり》を持って、それぞれの自室に帰る。

わたしの部屋のベッドには毛布がおいてあったが、蒸《む》し暑い夜にはまったく必要なかった。

スーダン和平の行方

スーダンという国名を報道などでもよく耳にするようになったのは、今世紀に入ってからだと思う。二〇一一年の南スーダン共和国独立までは、アフリカ大陸最大の面積という存在感を誇る国なのだが、日本人にとってスーダンは、馴染みの薄い国だった。

しかし、一九九〇年代後半からスーダンの内戦が激化し、二〇〇三年にスーダン西部でダルフール紛争が勃発《ぼっぱつ》すると、新聞、テレビなどのメディアでも、スーダン問題がひんぱんに報道されるようになった。

ダルフール地域には、昔からアラブ系や非アラブ系のさまざまな部族が混在していたが、二〇〇〇年に入り、アラブ系の民兵で結成されたジャンジャウィードという武装集団が、民族浄化と称して非アラブ系住民に対し、武力襲撃をひんぱんに行うようになった。

彼らの動きの裏には、この地域の非アラブ系勢力を制圧したいスーダン政府の支援があったといわれる。これに対して、二〇〇三年には、アル・バシール（スーダン共和国第六代大統領）政権に反発する非アラブ系アフリカ人住民も武装蜂起し、激しい紛争が勃発した。

一説によると、ダルフールでは、ジャンジャウィードの攻撃や食料不足などにより、二十万人が亡くなり、二百五十万人が国内避難民、もしくは国境を越えて難民になったといわれる。

大量虐殺の惨状に、国際社会の非難も強まった。アル・バシール大統領は、国連やアメリカから非難や圧力を受け、二〇〇四年四月には南部の反乱軍勢力との停戦合意に応じている。二〇〇五年の一月に、政府与党の国民会議党と南部の中心勢力のスーダン人民解放運動（SPLM、Sudan's People Liberation Movement）の間で包括的和平協定が締結され、長きにわたった南北の間の戦争が終結した。

しかし、ダルフールでは、その後もジャンジャウィードによる攻撃は続いており、二〇〇六年に開催された国連安全保障理事会では、スーダンへの平和維持軍（PKO）の派遣が採択された。

「われわれスーダン人ですら、平和がどこまで続くのか、どこかで疑っているところがあるのさ」

アドラの南部スーダン支部のディレクターであるクレメンツさんは、冷静な口調でそう述べた。

平屋建てのアドラ事務所の一番奥にある彼のオフィスで、わたしはクレメンツさんから南部スーダンの現状についての説明を受けていた。

机と本棚とパソコンしか置いていない非常に無機質なオフィスだし、クレメンツさんは愛想のない厳しい感じのする人で、宴会の一夜から明けて、急にスーダンの現実に引き戻された気がした。アドラのケニア人スタッフが、彼のことを「頑固な人」と形容していたのを思い出した。南スーダン出身の彼は、内戦が終わるずっと前から、首都ジュバや周辺地域で住民の生活支援、医療支援などの活動に従事しており、現地の状況の変化には外国人以上に敏感なようだった。

説明してくれる間、彼がきまじめな表情を崩さないので、またすぐにでも内戦がはじまるかのような切迫感を覚えた。

「和平協定にこぎつけたからと言って、紛争の火種が消えるわけじゃない。そもそも、スーダンの紛争は南北間の対立という単純な図式には収まらない。南スーダンの内部だけでも、南の部族間同士の相互不信と衝突、限られた資源の奪い合いという問題もある。土地をめぐる争いも絶えない。ハルツームのスーダン政府も南部の石油利権をそう簡単には手放したくないに決まっている」

和平協定には、「南スーダン政府の自治権の確立」「統一スーダンか南部独立かの選択を問う住民投票の実施」「南スーダンで産出される石油収入の南北の均等配分」などが謳《うた》われた。

だが、北のスーダン政府はその後も南スーダンの油田地帯から撤退せず、石油収入の均等配分も約束通りに行われてはいないので、「和平協定の取り決めを北スーダン政府が履行していない」という反発が南スーダンで高まりつつあった。

その一方で、各地に逃げていた人々は続々と故郷に戻って来ていた。二〇〇六年ごろより海外からの支援も急速に増加し、首都ジュバの近郊では道路や建物などの建設も急ピッチだ。

「個人的には、もちろん平和がこのまま続くことを強く望んでいる。でも、問題はそう単純じゃない。二〇一一年に南スーダンの独立の是非を問う、住民投票実施が予定されているけど、それもどういう結果になるか、まだ分からないね。南スーダンの人たちは一枚岩じゃないのだから……」

今という時は逃せない

南スーダンに到着したとき、十年前に訪れた北スーダンとはまったく違う雰囲気を感じた。南スーダン人は、北スーダン人とは見た目からしてまったく違う。彫《ほ》りが深く褐色の肌の色をしたアラブ系の北スーダン人に対し、ジュバの街を歩いている人々の肌はとても黒く、顔も北部の人々に比べると平面的だ。

アフリカ大陸には、エジプト、アルジェリア、モロッコなど、アラブ系住民の住む北アフリカと総称される地域がある。

一方、サハラ以南アフリカと呼ばれる地域は、比較的貧困の度合いが高く、居住環境が厳しいイメージがあり、北アフリカとは区別される。スーダンはまさにその境界線に位置して、両方の条件を包含しているのだろう。

クレメンツさんのいうように、南スーダンの人たちもたしかに統一された勢力ではない。よくよく観察すると、見た目も言葉も習慣も微妙に違う人々が、とりあえず国境をひかれてしまった同じ区画内に居住しているだけだ。もし、南スーダンが独立してしまったら、南部の中で異なる部族間の紛争が激しくなるのではないかという不安は、当の南スーダンの人々の間でもくすぶっていた。

しかし、戦争はもうこりごり、という声は、多くの人々から共通して聞かれた。南スーダンの内戦を生きのびてきたスタッフから、当時の状況をさまざま聞いたのだが、人々の経験した恐怖は筆舌につくしがたい。

空爆で村中が破壊され、空爆を逃れた村人も兵士に追いまわされ、虫けら同然のように殺される。女性はレイプされ、乳児は臼《うす》に入れられ杵《きね》でつかれ、弱い者は徹底的に無残な殺され方をした。命からがら逃げおおせても、途中で力尽きた人々の死体が路上に点々と残される凄惨《せいさん》さだった。

地雷を踏んで重傷を負う民間人も多く、辛《かろ》うじて命を取りとめた者も、肉体の損傷はまぬがれなかった。設備の貧しい病院で、地雷を踏んだ患者の破損した手足を麻酔《ますい》なしで切断することもあったという。大人が数人がかりで患者を押さえつけて切断手術を行う最中、部屋には患者の絶叫と血の匂い、関係者の嗚咽《おえつ》が充満する。

「そんな状況を見聞きすれば、だれだってトラウマになるに決まってるさ」

内戦中にこの世の地獄を経験しつくした人々は、頭痛や不眠、他人への恐怖心など、今でも精神や肉体の不具合を抱える。精神病を患ってしまうケースもある。飛行機が頭上を飛ぶたびに、空爆で逃げ惑った記憶がよみがえる人もいる。

人々は本当に戦争に疲れ果てていた。だからこそ、やはり今が和平実現の時なのかもしれない。不安要素がいくつあろうが、今という時を逃してはならないと人々は感じているようだった。

祖国再建の担い手

首都ジュバで、会いたい人が、もう一人いた。わたしが使っていたSNS(ソーシャル・ネットワーク・サイト)の登録者のマリアという名の南スーダンの女性だった。

南スーダンを訪れることが決まったのち、サイトを通じて連絡を取ってみたのだ。わたしがジュバを訪れる予定を伝えると、「ぜひぜひ会いましょう!」と、パソコンの画面上からも彼女の興奮している様子が伝わってきた。

メールのやり取りしかしていない人と直接会うのは、相手が異性でなくても、へんに緊張する。新しい出会いに、いろいろな期待が先行しすぎてしまうからだろうか。

ジュバでもすでに携帯電話が普及しはじめており、わたしは紗世さんの携帯を借りて、彼女の携帯番号に電話してみた。電波が悪くて、まるで無線で交信しているように聞き取りにくいが、相手のトーンの高い声が辛うじて聞こえてくる。

携帯電話はCELTELという大手携帯電話会社の回線を使っているが、南スーダンでは電波受信塔の数はまだ少ないようだ。この会社の名前は、アフリカ各地で見かけるようになっていて、これからの市場である南スーダンのマーケット開拓にもすでに乗り出していた。

とぎれとぎれの会話で、マリアになんとかわたしの滞在場所を伝えることができた。次の日、彼女のほうがわたしを訪ねてくれた。

目の前に現れた女性は漆黒の肌がつやめく、都会的な雰囲気をたずさえた二十四歳の若い美しい人だった。毛先まで手入れされたストレートパーマのかかった髪。身につけている洋服やアクセサリーは質素ではあるものの、彼女のセンスの良さを感じさせた。教育を受けた女性らしく、きちんとした文法で英語を話す。

内戦中には家族でケニアに逃げていた彼女は、幼いころからナイロビで暮らしていたと聞き、その都会的な雰囲気にも納得がいった。

ジュバには、二年前に戻って来たらしい。ナイロビから戻ってきた当初、彼女はジュバでの生活が想像以上に大変であることに面食らったという。

「これじゃ、ジャングルでキャンプ生活してるのと変わらないじゃないのって、ここに帰ってきた当初は思ってたのよ」

彼女らが元々住んでいたジュバ近郊の土地は、すでに余所《よそ》から避難してきた人々に占拠されていた。仕方なく、一家はナイル川近くのなにもない土地にテントを張って暮らすことにした。しかし、ナイロビという大都市で育った彼女たち兄弟姉妹は、ジュバでの生活になかなか馴染《なじ》めなかった。

「まさか、薪《まき》を拾って火を熾《おこ》したり、川の水で炊事洗濯するような、原始的な生活をするとは思わなかったわ。この先こんな生活をいつまで続けるのかしらって毎日、意気消沈していた」

だが、当時の悩みや苦しみも、今となっては笑い話に変えてふり返ることができる。彼女たちの心配を余所に、この二年間、街はあれよという間に発展し、住環境は急速に整いつつあるからだ。

「今じゃ、インターネット・カフェまであるんだから」

たくさんの睫毛《まつげ》をバサバサと音がしそうなくらいはためかせ、マリアは大きな目をしばたいた。

まだ電線が通っている場所も限られる復興途上の街に、インターネット・カフェとはなんだかミスマッチな気がしたが事実、彼女はそのインターネット・カフェからわたしとやり取りをしていたのだった。

都会的な美しい彼女の容貌も、まだ都市といえるほどの設備が何もないこの街には、とても不釣合いに見える。けれど、あと数年もすれば、何の違和感もなくなるのだろう。この街の変化はそれほどまでに激しい。あちこちで進められる建設作業は、街の様子を日ごとに変えてゆく。

メール友だちマリアの案内で

わたしとマリアは、しばらくアドラ事務所の敷地内で話していたが、その後、彼女がわたしを友人の家に連れて行きたいというので、外に出かけることにした。

都会育ちの象徴なのか、彼女は周辺を歩いているジュバの住人よりも早足だった。かかとの高いサンダルをはいたまま、デコボコした道を器用に移動する。アフリカの人々はゆっくりと歩く。そのペースに慣れていたわたしは、彼女の歩くペースに追いつくのに少々難儀した。

まだ舗装されていない道路を車が行き交うたびに、赤土の埃《ほこり》が舞いあがる。彼女がナイロビで買ったというきれいなビーズ細工がほどこされたサンダルは、またたくまに赤茶けていった。

「わたしたちはとにかく歩くことには慣れてるの。子どものときは毎日一時間も二時間も歩いて、井戸まで水汲みに行ったりしたものよ。うちの村から一番近くの小学校までは、なんと歩いて四時間もかかったんだから！　朝、家を出て、学校に着くころにはもうお昼。さすがに学校に通うのは諦《あきら》めたわ。わたしたち一家がケニアに逃げてなかったら、今ごろわたしたち兄弟のだれも小学校すら出ていなかったかもね」

ジュバからそう遠くない所にあった彼女の村は、九〇年代の初頭に北スーダン政府軍の激しい空爆にさらされた。幼い子ども四人を抱えた家族は、ケニアまで逃げることを決めたものの、生きてたどりつける保証はどこにもなかった。

持ってきた食料や水はすぐに底をつき、飢えや疲労と戦いながら歩き続けた。四日間歩き通した末についに国境にまでたどりつき、ＵＮＨＣＲ（国連難民高等弁務官事務所）に保護されて、いったんナイロビのキャンプに送られた。その後、仕事をしたがった父の意向により、キャンプを出てナイロビの郊外で生活をすることになった。

だが、ナイロビに居る間じゅう、父の収入は不安定で、母も兄弟姉妹もみな働きに出ざるを得なかった。とはいえ外国人である彼らは低賃金労働にしかつけず、ここでも暮らしは楽ではなかった。

それでもマリアは、父親の仕事に誇りを持っているようだった。

「このお札の絵はうちのお父さんが描いたのよ」

マリアは肩にかけたバッグから財布を取りだし、スーダンの紙幣を見せた。金額ごとに赤、青、黄色とパターンの違う淡い色のお札の裏側には、それぞれに動物や楽器などの絵が描かれていた。北スーダンでも南スーダンでも両方に流通する通貨のようだ。

学校では、ケニア人の子どもたちに、ずいぶんいじめられたらしい。

「スーダンの貧乏人め。早く国に帰れ！」

とはやし立てられ、石をぶつけられた。悔しくて何度も泣きながら帰った。幼心《おさなごころ》にここは自分たちの本当の居場所ではないと感じ、いつの日か祖国に帰れることをこころ待ちにするようになった。

二〇〇五年、南北スーダンの和平協定が結ばれたというニュースを聞き、家族は迷わず故郷に帰ることを決めた。祖国に戻っても、仕事のあてがあるわけではなかったが、このままナイロビで生活を続けることには希望を見い出せなかった。

幸い、マリアも兄弟たちも帰国後は就職先を見つけた。ナイロビで短大や大学を出た彼ら兄弟は、人材の少ないこちら側ではとても重宝される人材だったのだ。

「着いたわ。ここよ」

彼女の昔話を聞いているうちに、目的地に着いていた。ずいぶんと歩いたように感じたが、マリアは息ひとつ切れていない。わたしのほうは暑さも手伝って、すでに何リットルも汗をかいたように感じていた。

筒状の土壁にわらぶき屋根の乗っかる家々……。南スーダンでは典型的な形の家が十軒ほど密集している。このあたりの地主が貸し出している賃貸物件らしい。その周りにも、個性のない似たような形の家が入り乱れるように建ち並んでいる。この辺りは、いわゆる新興住宅街のようだ。

平和は自分たちの手で

わたしたちはそのなかの一軒に入っていった。中はとても狭く、ベッドと椅子が三脚あるだけなのに、部屋にはもう余分なスペースがない。五、六人の若者たちが椅子やベッドに腰掛けて、薄暗いなかで、カードゲームに興じている。

そのうちの一人が、わたしたちに気づくとつかつかと歩み寄ってきた。マリアと同い歳くらいの小柄なその青年は、アンソニーと名乗った。クリスチャンの多い南スーダンの人々の名前はもっぱら西洋風で覚えやすいが、マリアとアンソニーなんて、まるで古い少女漫画に出てきそうな名前ではないか。

アンソニーは、いそいそとベッドにかけてあった洗濯物を片づけ、わたしたちの座る場所を確保してくれた。

「狭くて申し訳ない。これでも家賃はそれなりにするんだけどね……」

ここは彼の従兄弟《いとこ》の家で、彼はそこに寝起きさせてもらっている。従兄弟は、地元の小学校教師として働いているが、給料の半分近くがこの家賃に消える。けれども、土地ももたない家族がジュバの街中に住もうと思ったら、ほかに選択肢はない。狭い住居と高い家賃に甘んじなければならない。都市の中では、土地を持つ者と持たない者との間の格差がすでに顕在化して来ていた。

カードゲームにいそしんでいた若者たちも、立ち上がって一人一人自己紹介をしてくれた。日本人が訪ねてくるというので、興味を持って集まっていたようだった。みな英語を流暢《りゅうちょう》に話す。

彼らは幼児期に難民として他国へ逃げ、最近になって戻ってきた人たちだ。ウガンダ、エチオピア、ケニアと避難先は異なるものの、難民キャンプで最低でも小学校は卒業しており、大卒の人もいる。戦争が人々を外国へと追いやったことが一面、彼らの教育レベルを上げることにつながったのであれば、皮肉な話だと思った。

一年半ほど前に戻ってきたアンソニーも、ウガンダで教育を受けた帰還民である。彼の出身村はウガンダの国境沿いにあり、一九八三年に第二次内戦が勃発《ぼっぱつ》すると、すぐにSPLM（スーダン人民解放軍）の支配下におかれた。彼の通う小学校では、男女児童が戦闘訓練へと駆り出され、戦争が本格化すると、まず上級生たちから最前線へと送られていった。アンソニーの父親は、自分の子どもたちが戦争に送られることを恐れ、一家でウガンダへ逃れることに決めた。

アンソニーは、ウガンダの難民キャンプで小学校を卒業した後、周辺の村の中学校に通った。成績の良かった彼はその後、UNHCR（国連難民高等弁務官事務所）の援助を受けて大学進学まで果たした。南スーダンに留まっていたら、中学校に通えたかどうかも疑わしい。

一年半前、家族で帰国をし、彼は地元民に人気のある地方紙の一つであるジュバ・ポストで職を得た。ここ半年ほどは記者として、スーダンの広大な土地を東奔西走《とうほんせいそう》する日々なのだそうだ。

ここに集まった若者たちは、学歴のおかげで、それなりの仕事を得ている。学歴のある者とない者の間では、得られる機会に差があることを、アンソニーは認めている。

しかし、それ以上に目につくのは、部族間、地域間での格差だという。

彼の新聞社には、毎日多くの一般読者から投稿が届く。封書で来るものもあるが、最近はインターネットのウェブサイトに送られてくるものが多い。平和な時代の到来を歓迎する趣旨の投稿も多いが、一方で気になる内容の投稿が最近増えている。

「最大部族のディンカ族に対する不満の声が大きくなってきているんだ。地方の復興が全然進んでないという指摘もね。南部のなかでいずれ部族衝突が起きるっていう不安もちらほら聞えてくる」

南スーダン政府において最も有力な部族は、南部最大部族のディンカ族だ。南スーダン政府を統治しているSPLM（スーダン人民解放運動）は当然のこと、軍の中でも、省庁の人事においても、部族の力関係が影響する。二番目に大きな勢力であるヌエール族も政治力をつけてきているが、そのほか無数にある小規模部族の人々は政治の場で「疎外感」を感じているという。

また、復興作業が進んでいるのは、主にジュバなど主要都市だけで、地方の人々は取り残されているという不満も多い。このまま都市と地方の格差が広がれば、南スーダンの人々の団結はさらに弱まるのではと危惧されている。

南スーダンの部族対立や北スーダン政府の平和協定の不履行などが解決しないまま、いずれまた内戦がはじまると考えている人たちも多い。そのために未《いま》だに難民キャンプに残っている人もいるのだという。

「でも、そんなのナンセンスだ！　平和は外国がもたらしてくれるものじゃないんだよ。自分たちの手で築かなきゃ。これだけ多くの外国人がやってきて支援活動してるっていうのに、自分たちが外にいて傍観してるだけなんて……」

アンソニーは憤慨し、傍《かたわ》らにいた若者たちも大きくうなずいている。

国土再建の意欲にみなぎる若く優秀な彼らの迫力に、ただ圧倒された。

帰還難民支援の現場へ

ジュバからプロペラ機に乗って、アドラ・ジャパンの事業地に向かうことになった。エチオピアとの国境沿いにあるアッパーナイル州のパガックという村を拠点に、日本の国際NGOアドラはUNHCR（国連難民高等弁務官事務所）と連携して帰還民の受け入れ事業を担っている。過去二年間に、主にエチオピアから戻ってきた約一万人の帰還民たちをお世話してきた。

ジュバからパガックまでは、いつも貨物用プロペラ機のチャーター便で移動するのだと、紗世さんに説明を受けた。

「雨季に入ったら、滑走路がぬかるんで飛行機が発着できなくなるから、なるべく早く向こうについて早くジュバに戻ってきたほうがいいですよ」

そのように忠告をくれた。パガックの村には舗装された滑走路はなく、雨季はあと一、二週間で始まりそうな気配らしい。

紗世さんの説明に少々怖気づいたわたしは、陸路で行く選択肢はないのか聞いてみた。

「あそこにたどり着くまで、途中、道もないような状態だから、たぶん一日、二日じゃ着かないんじゃないかな……。うちの関係者では、まだだれも陸路を試したことないんですよ、実は……」

どうやらプロペラ機で行くより方法がないようだった。期限内に戻れなければ、その時はその時だと腹をくくるしかない。

出発の日は晴天に恵まれた。無事に飛行機が発着しそうだと安心し、ジュバ空港から離陸する予定の小さなプロペラ機に乗り込む。食料やマットレスなど帰還民のためのさまざまな物資に囲まれながら、小さくなってじっと座っていた。

乗客はわたしともう一人。最近アドラ・ジャパンのインターンに採用されたカオリちゃんという年若い女性。彼女も日本からジュバに到着したばかりだった。これから三ヶ月ほどアドラのインターンとしてパガックに勤務する予定なのだという。

離陸までの待ち時間、カオリちゃんはアイ・ポッドで音楽を聴きながらノリノリで過ごす。見た目には今どきの普通の若者だが、実はアメリカの有名大学院を卒業した優秀な人材だ。ほとんどネイティブのように流暢《りゅうちょう》な英語を話す。しかし、途上国で仕事に就くことはおろか、アフリカに来るのも今回が初めてらしい。

彼女はおもむろに手持ちのカバンから何かを取り出して、わたしの手に握らせた。筒状の箱に入ったマーブルチョコだった。

「これだったら暑くても溶けないので、日本からいっぱい持ってきたんです。一箱どうぞ。あっ、中に入ってるシールは集めてるので、見つけたら捨てずにわたしにくださいね」

箱の中に、犬が描かれた小さなシールが入っているのを見つけた。

「わあ、フランスだって。わたしのは、モロッコって書いてあります」

マーブルわんちゃんという犬のキャラクターが、いろんな所を旅するという設定で作られているシールのようだ。嬉々《きき》としてシールを集める彼女の様子に、超えられない年齢の壁を感じてしまった。

そういえば、プロペラ機に積まれた彼女のスーツケースだけがやたらに重量感があった。ほとんど中味は日本で買った食料だというが、彼女のことだからきっと生活に必要のない余計なものがいっぱい詰まっているに違いないと想像して、ニヤついてしまう。

そうこうしているうちに、ついにプロペラ機が空港を飛び立った。パガックまではおよそ二時間の飛行と聞いていたので、あっという間につくだろうと高を括《くく》っていた。

ところが、途中予想外の悪天候に見まわれ、プロペラ機はジェットコースターのように何度も乱高下をくり返した。大粒の雨がプロペラ機を殴りつけ、雷がとどろき渡る。

「うわぁ！」

「きゃぁ！」

それまで、おしゃべりに夢中になっていたわたしもカオリちゃんも、もはや顔面蒼白《そうはく》で言葉も出せなくなっていた。

結局、嵐を迂回して遠回りせざるを得ず、パガックには一時間以上遅れて到着した。当地には幸い雨は降っておらず、プロペラ機は無事に着陸したが、生きた心地のしない三時間だった。

辺境で働く新旧の日本人女性

（これはまた、えらい所まで来てしまったなあ……）

着いた途端にそう思ったのは、プロペラ機の長旅で消耗したからだけではない。想像した以上に何もない所だったからだ。

滑走路はただ土を均《なら》しただけで、その先には果てしなく地平線が広がっている。マッシュルーム型のわらぶき屋根の家が周りにポツンポツンと点在しているが、三六〇度はるか遠くまで見渡せる。

長い角《つの》を持った牛の群れが、家々の間をゆったりと歩いてゆく姿が何とものどかだ。一体、どれほどの人口がここに住んでいるのだろうか。むしろ人より牛のほうが多いのではないかと思った。

気がつけば、どこからともなく子どもたちがワラワラと集まって、飛行機を囲んでいる。彼らはわたしたちよりも、どうやら積み荷のほうに関心があるようだった。ほとんど裸に近い丈夫そうな子どもたちが、好奇心いっぱいの顔で積み荷のひとつひとつを目で追っている。

遠くのほうから、ジープが一台近づいてきた。アドラの車が迎えに来てくれたようだ。再び大量の物資とともに荷台にゆられ、彼らの事務所へと移動した。

コンクリートの高い塀に囲まれたアドラの事務所は、外から見ると妙な存在感があった。この地域にはなじまない人工の建物という感じがする。門を開けてもらい中に入ると、敷地の中に巨大なダチョウが三羽歩いていた。防犯用ではなく、単なるペットとして飼っているらしいが、やたらに威圧感がある。

事務所の代表は千葉さんといい、メガネをかけた理知的なタイプの女性だった。丸の内のオフィスビルで経理の仕事をしていそうな感じのする人だ。しかし、彼女はこの辺鄙《へんぴ》な土地に赴任してすでに二年が経つのだそうだ。

「ここに二年も！」

と私が素直に感心していると、

「ええ、よく感心されます」

とあっさりした応《こた》えが返ってきた。

彼女のほかにも、もう一人日本人女性がいて、カオリちゃんも含めると三人の日本人女性がここに駐在していることになる。皆欧米の有名大学院を出た三十前後の前途洋々たる女性たちで、まだまだキャリアアップの途中なのだろうと思った。

すでに夕刻近くになっており、その日はとりあえず、ひと休みさせてもらうことになった。事務所の敷地内の広くてきれいな食堂には、すでに夕食が用意されていた。夕食はウガリと豆の煮物などのおかず。ウガリは主にケニアあたりの主食だが、南スーダンでも日常的に食するものらしい。

実はわたしはこのウガリが苦手だった。冷めるとパサパサして、あまり美味しくない。ザンビアのシマとまったく同じ材料で同じような調理法で作られているのに、シマのほうが格段に美味しかったと感じるのはなぜだろう。

カオリちゃんは慣れない食事内容に戸惑ったのか、日本から持ってきたインスタントラーメンを引っ張り出していた。彼女が日本から大量に食料を持ちこんだのは正解だったかもしれない。とはいえ、三ヶ月の間にきっと底をつきてしまうだろう。

敷地内ではジュバの事務所同様、発電機をまわしている。衛星回線でテレビとインターネットはつながるものの、それ以外の娯楽は皆無のようだ。しかも、電気の使用には当然、時間制限がある。

明りにつられて巨大な羽虫が食堂に入り込み、頭上をぶんぶん飛びまわるので、うっとうしくて仕方がない。

夜になり、わたしは敷地内にあるテントの一つに案内された。造りの頑丈なテントの中に、ベッドや机のほかに扇風機もあって、なかなか住み心地はよさそうだ。

「テントのファスナーをちゃんと閉めないと、ヘビが入ってくることもあるので、気をつけてくださいね」

と、千葉さんに忠告された。一生懸命ファスナーを下まで下げるが、ゆるんでいて、しっかり閉まらない。

一方、別棟に寝泊まりすることになったカオリちゃんは、日本からわざわざ持ってきたマラリア対策の蚊帳《かや》を張るのに四苦八苦していた。わたしも手伝い二人がかりで三十分ほどかかって、ようやく設置に至った。

十一時に電気が消えると、辺りは深々《しんしん》と静まり返り、完全な暗闇が訪れる。しばらくして、動物の遠吠えのような声がどこからともなく聞えてきた。この周辺にはハイエナのような動物がいるらしい。気になってなかなか寝つけなかった。

都会っ子のカオリちゃんは、この環境に慣れるのだろうかと、彼女の今後が妙に心配になった。

故郷《ふるさと》の村に帰る日

翌朝早くから現地スタッフが事務所に集まっていて、朝礼が開かれていた。地元で採用された若手スタッフが三十名ほどいる。彼らはこの村に住んでいて、徒歩や自転車で通勤していると聞き、やはり狭い村なのだなと思った。

この村の住民は主にヌエール族と呼ばれる人々で、伝統的に牛など家畜の放牧をしながら暮らしている。ヌエールの人々の肌の色はとても黒くつやつやしていて、触ってみたくなるほどだ。アドラのスタッフはほとんどが二十代の若者で、内戦中に外国のキャンプで教育を受けた人たちだった。英語もそつなく話す。

朝礼では先日、エチオピアから帰還した人々の定着状況について話し合いがもたれていた。アドラのスタッフはつい数日前に、五百名ほどの帰還民を受け入れ、怒濤《どとう》の忙しさを乗り越えたばかりだったのだ。そう言われると日本人スタッフや、ヌエール人スタッフの顔にこころなしか疲労の色が見える。

当地でのアドラ・ジャパンの役割は、祖国に戻ってきた帰還民を受け入れて、無事に故郷の村に再定住するまでのお世話をすることである。

パガックの村には、帰還民受け入れのためにアドラ・ジャパンが建設したシェルターがあった。帰還民は行き先がはっきりするまでの数日間、体育館のように大きなこのシェルターで寝食の世話になるのだそうだ。

わたしがパガックに到着するのは一足遅かった。残念ながら先日帰還したばかりの人々は、全員シェルターから出て行ってしまった後だった。だれもいないシェルターはガランとしていたが、片付け忘れた食器や椅子が残っていて、辛《かろ》うじて人がいた痕跡を見つける。

帰還した人々は何の財産も持たない人が多い。そこで三ヶ月分の食糧と、せっけん、蚊帳《かや》、マット、バケツなどの日用品が支給される。その後の数日以内に、彼らが希望する場所に送り届けられる。パガックの村だけでなく、車で三、四時間離れた村に送り届けることもある。

五百人から七百人近くの人々を一度に受け入れなければならないため、準備段階から送り届ける作業が終わるまでは、スタッフ一同相当あわただしく仕事に忙殺される。物資の配給などで混乱をきたすこともある。ジブチでの経験からなんとなく、その光景が想像できた。

当地、アッパーナイル州は一九九〇年代に入って、内戦がさらに悪化した地域なのだと千葉さんが説明してくれた。

「ここの人たちは、何度もこの土地から追い出されたり、戻ったりしてるんですよ」

この地域で過去二十年の間に何が起こったのか、複雑に入り組んだ内戦の事情を千葉さんがかいつまんで説明してくれた。

一九九〇年代、南スーダンの主勢力、SPLA（スーダン人民解放軍）は、エチオピアのスーダン人難民キャンプをも拠点にして勢力を拡大していた。しかし、九一年には当時のエチオピア政権が反政府軍に打倒され、その軍事同盟であったSPLAにも攻撃がおよび、難民キャンプも襲われた。

その時、難民はエチオピアの反政府軍にキャンプを追われ、南スーダンに戻ってきた。アッパーナイル州の中心地であるナシールやポカラの街に押し寄せた難民の数は、二十万人近くにものぼったといわれる。彼らは北スーダン軍の格好の標的となり、空爆にさらされた。

内戦に関する資料からは、この時、キャンプを追われた人々の困窮ぶりが悲惨を極めていたことがうかがえる。食糧難の年でもあり、また国連機関による対応が遅れたこともあって、人々の飢餓《きが》は極限に達した。

同時期に、ＳＰＬＡが内部分裂し、人々は南部勢力の内輪もめにも巻きこまれた。一九九五年に一応は内部分裂が収まっていくが、このころＳＰＬＡの弱体化に乗じるように、北スーダン政府軍による空爆がさらに激しさを増してくる。

一九九一年に難民キャンプから北スーダンのアッパーナイル州に押し戻された人々は、この空爆により再びこの地から追われることになり、あっちへこっちへと翻弄《ほんろう》された。エチオピアの難民キャンプに舞い戻った人もいれば、今度はケニアなど別の国に逃げた人もいた。

二〇〇五年、南北間で和平協定が結ばれ、当地にもようやく平和が戻った。長らく内戦に翻弄され続けた人たちが、ついに帰還をはじめたのだ。

再会の歓び

パガックの村でも難民帰還が着々と進んでいた。個別に戻ってくる帰還民もいるが、多くは難民キャンプから集団で戻ってくる。エチオピアからは大型バスで、ケニアからは飛行機で同時に移送される。

千葉さんは以前、エチオピアの難民キャンプからパガックまでの難民帰還のバスの旅に同行したことがあった。

エチオピアの難民キャンプには、塀に囲まれた家が並び、街路樹も、学校も、病院もあり、かたや当時のパガックには、そのどれひとつなかった。どうして、この環境を諦めてまで故郷に戻りたがるのかと、彼女は不思議に思ったという。

しかし、帰還民に同行して、その疑問が解けた。

早朝、難民キャンプを出発したバスは、お昼ごろに北スーダンの国境に差しかかった。いよいよ国境を越えるという、まさにその瞬間、人々は大きな歓声をあげた。歓声と同時に歌声や手拍子が響きわたり、バスのなかはお祭り騒ぎと化した。

バスはお昼の二時ごろにパガックのシェルターに到着した。そこには、内戦中も当地に残った人たち、先に帰還を果たしていた人たちが集まっていて、この度バスで戻ってきた人々を待ち構えていた。千葉さんが撮影したその時のビデオを見せてもらった。

バスから人々が降りだすと、迎えに来た人々が一気に彼らに駆け寄る。双方手を取り合い、抱き合いながら、全身で再会への歓びに感極まっている。涙で顔をぐしゃぐしゃにし、声をあげて泣いている人もいる。

帰還した人たちはこの日に備えて、キャンプにいる時から何日もかけて自分たちのユニフォームを作っていた。ただ、この日のこの瞬間のためだけに、赤や黄色など色とりどりのユニフォームに身を包んだ人々が、一斉に歌い踊り、狂喜乱舞する。その感動的な光景に、ビデオを見ていたわたしもつい目がうるんだ。故郷に帰る歓びを理解するのに、もはやこれ以上の説明が必要だろうか。

「こういうことがあると、普段の仕事の疲れもふっとんじゃうんですよね」

一緒にビデオを見ていた千葉さんの表情もゆるんだ。

ヌエール族の村へ

朝礼が終わったのち、ヌエール族のスタッフ二名が、事務所の入り口で、わたしを待ってくれていた。パガックの村を案内するように千葉さんに指示されたという。初々《ういうい》しい男女のペアだ。二人とも二年ほど前にエチオピアから帰還したのち、アドラ・ジャパンで職を見つけた。

二十代の若者二人は、笑顔が子どものように純粋で、受け応えもはきはきしていて、すれた感じがまったくしない。素直な青年たちは、傷つきやすくもあり、仕事で叱責されたりすると泣き出してしまうこともある。

狭いパガックの村は、徒歩でも二時間程度で一周できてしまいそうだ。開墾途中の畑がいくつかあるものの、あまり作物も木も生えていない。辺りを見渡せば、小学校や病院などの建物だけが妙に真新しく、周囲の風景から浮いて見える。たしかに二つとも海外援助が真っ先に入る場所だ。

地域に住むヌエール族の人々の中には、やたらと背の高い人が目立つ。二メートル近い身長の人も多くて、手足も棒のように細長く伸びている。われわれとは人種が違うという感じで、大人と子どもほども違うように見える。並んで写真を撮ってもらうと、写真のなかのわたしはまさに小さな子どものようだった。

村のあちこちに牛が群れをなしていた。銀行などの近代的な金融機関のない村では、富の蓄積はもっぱら家畜によって行われる。なかでも牛は最も価値のある資産のひとつだ。牛たちは飼い主に似たのか、体が大きく、それでいて痩《や》せている。天にも伸びそうな勢いの長い角《つの》を持ち、一見攻撃的に見えるが、実際は追いたてられるまま反抗もせずに、ノソノソと歩いている。

多くの男性の額《ひたい》には数本の直線の傷が印《しる》されていた。十五歳くらいになると、成人の儀式として、ナイフで額に模様を刻《きざ》むらしい。ヌエール族のなかにも、さらに異なる小部族がいくつかあり、それぞれ微妙に模様が違うようだ。横一直線に真っ直ぐなものもあれば、額にV字型に刻まれたものもあるという。

ちなみに、女性は成人の儀式の際に、下の歯を二本ばかり抜くのだそうだ。彼女らが歯をむき出しにして笑うと、たしかに下の歯の欠けた部分がよく目立つ。

「それって、痛くないの？」

と、若いスタッフ二人に聞くと、

「痛いに決まってるじゃないか」

と一笑された。なぜそんな事をするのか聞きたかったが、愚問かなと思ってやめた。

風習や迷信が未だ色濃く残っているこの村では、呪術の類もさかんだ。たとえば、社会的に罪を犯した疑惑のある人が、有罪か無罪かを判断する際に、黒魔術が使われることもある。まず、その人物に一頭の牛の周りを裸で踊らせ、その後、牛の首をはねる。牛がその場で死ねば有罪、牛が即座に死なず走り出せば無罪と判断するとも聞いた。

地元の有志で開かれ、法律にのっとり行われる裁判も一応はあるそうだが、人々の黒魔術への依存度はいまだに高い。そして、人々の迷信信仰は、時に問題をややこしくする。その後に知り合いになった日本人の医療援助関係者は、赴任した地域で、双子を殺す風習とずっと闘ってきたと話してくれた。

その地域では双子はいまわしい存在とされ、生まれた直後に片方を殺すことが習わしとなっている。地域の病院を支援する外国人は赤子の命を守ろうとするが、赤子を生かしておいては不吉だと主張する住民との間で、いつも大論争になるらしい。

前途多難の戦後復興

しばらくのんびり歩いていると、この村にある唯一の小学校にたどり着いた。大勢の子どもであふれていることだろうと思ったが、まだ開校もしていない真新しい建物には、生徒がだれ一人おらず、机や椅子が雑然と置かれているだけだった。

教室の隅で、二人の若者が手持ち無沙汰そうに立ちすくんでいる。帰還して間もなく小学校教員に採用され、ここに赴任になった教師たちだった。

赴任してから半年以上経っても、彼らに給料はまったく出ていない。まだ生徒の登録も終わっておらず、教室も整っていないので開校にもいたらない。

「このまま給料がもらえないんじゃ、僕たちも生きていかれないよ。そろそろ余所《よそ》で稼ぎはじめないと……」と不満をもらしていた。教育熱心な家は、エチオピアにあるガンベラという近くの街に子どもを預け、そこで学校に通わせているらしい。せっかく南スーダンに帰還したというのに、村人の生活が軌道に乗るまでには大分時間がかかりそうである。

さらに歩いていくと、一年ほど前に帰還した人たちの集落があった。トゥクルと呼ばれるマッシュルームの形をした家が二十軒ほど立ち並んでいる。

一軒の家の前で、女性が幼子《おさなご》をあやしていた。母親の古びて伸びきってしまったタンクトップの横から萎《しな》びた乳房が露《あらわ》になっているが、本人はまったく気にする様子もない。この女性の一家は、一年前にエチオピアから家族七人で戻ってきたらしい。彼女は、わたしに向かって、しきりに何かを訴えかけてきた。

「うちには家畜もないし、収入もない。配給食料も底をつきた。生活が本当に苦しい」

アドラのスタッフによれば、一年半ほど前までは、欧米のあるＮＧＯにより、帰還民であるなしにかかわらず、村人に対する食料支援が大々的に行われていた。しかし、ある時期を境にピタッと止まってしまったらしい。

今まで帰還への意欲が高かったキャンプの難民たちも、今はこちら側に食料がないと知り、足取りが重くなっている。また、帰国した歓びもつかの間、村での生活の大変さをつくづく実感して、再び難民キャンプに戻ってしまう人たちも多い。

女性の夫は当地で薪《まき》を集めてエチオピアまで行き、それを売って現金収入を稼いでいるという。この一日、二日がかりの作業に対する報酬が、一回につき一ドルから三ドル程度にしかならない。この程度の収入では、家も建《た》たないし、服も買えないし、病気になっても薬も買えないと、懇願するような顔で訴えてくる。

村の中を散策している途中、地面に何か鈍く光る金属片を見つけた。拾ってみると、すぐにそれが銃弾であると分かった。手のひらにおさまるくらいの先の尖った物体を日にかざして、しげしげと眺める。美しいフォルムをしていると、不謹慎なことを思った。

記念に日本に持ちかえろうかと思ったが、銃弾の一部が妙に黒ずんでいるのに気づいた。誰かの体を傷つけたのではないかと思うと、急に気味悪くなり地面に戻した。すると傍《かたわ》らで見ていた小さな子どもたちが、近づいて銃弾を持ち去ってしまった。

内戦中は銃弾を拾い集めると現金と交換できたと聞いていたが、今でも再利用されるのだろうか。ダルフールなど一部地域では、まだ戦闘は続いている。

援助を当てにしないキギレの村人

次の日は、キギレという近隣の村を訪ねることになった。先日帰還した五百名は、ほとんどがこの村に戻って行ったとのことで、アドラのスタッフがその後の彼らの定着の様子を調査に行くのに同行することにした。

十人乗りくらいのバンにゆられて、陸路を進む。地面についた車の轍《わだち》をなぞりながら、バンは走る。アドラのヌエール人スタッフたちは、遠足に行く子どものように、実に楽しそうにはしゃいでいる。彼らの話す言葉は、聞き慣れない変わったリズムで、どこかタイ語にも似て、コミカルな響《ひび》きがある。

キギレの村には三時間ほどで到着した。この村に住む人々はブルン族と呼ばれている。ヌエール人よりひと回り小柄で、切れ長の目をした独特の顔立ちをしている。双方の村は大して離れているわけでもないのに、お互いがまったく違うことばを話すため、通訳を介してしか会話が成り立たない。アフリカに長くかかわっていると、こういった日本では想像もできない特殊な事情に時々驚かされる。

キギレの村では、つい一週間ほど前にエチオピアから帰還したばかりなのに、すでに精力的に生活再建に取り組んでいる人が多かった。男たちは拾ってきた木の枝を組んで、黙々と家の修復をはじめている。最初はみな親せきや友人の家に身を寄せながら、家を建設したり、畑を耕したりするらしい。

この村の人々はどうやら元来の働き者のようだ。私の知るかぎり、多数派の部族が影響力を持つ地域に居住する少数部族の人々は、大体において勤勉だ。

さんさんと輝く太陽の下《もと》、川べりで子どもたちが木の枝でつくった釣り竿で魚を釣っている。母親たちは、汗をかきかき釣ってきた魚を天日干しにして魚の干物《ひもの》をつくる。

家の前で、ピーナッツを炒《い》る人、オクラを並べて売る人々がいる。蒸《ふ》かした芋《いも》を大きな瓢箪《ひょうたん》の容器に入れて、売り歩く子どもたちとすれ違う。

ここではすべての人々が役割を与えられているかのように思える。彼らの働きぶりには、ヌエール人スタッフたちも何か感じるものがあったようだ。

元々、キギレの人々は放牧よりも農業に力を入れる性質《たち》らしく、また、この村の土壌も比較的肥沃《ひよく》なため、ここでは農作物の種類が目に見えて豊富だ。

海外支援の手は、マイノリティーである少数部族には届きにくい。パガックの人々は内戦中から欧米の援助団体により食料支援などを受けていたが、キギレではそのような機会はまるでなかった。そのためか、彼らには特別援助を当てにしている様子がない。

ヌエール人スタッフの一人が、鈴なりになったマンゴーの木から固くて小さな実をひとつもぎ取ってわたしにくれた。筋《すじ》ばっていて食べづらいものの、この炎天下で乾いた喉には感動的なほどに瑞々《みずみず》しくておいしく、自然の恵みのありがたさを身体《からだ》に教えてくれる。

自立支援へ〝千葉さんの挑戦〟

キギレからパガックの事務所に戻ってくると、千葉さんがペットボトルを半分に切った容器の中に、なにやら怪しい液体を入れてかき混ぜていた。

「あ、これ？　せっけんの試作品です。商品化できないかと思って、きれいに色づけしてみたんですけど……」

アドラ・ジャパンの活動は、これまで帰還民の受け入れと彼らに対する当面の物質的支援がメインだったが、村の復興や村人の自立が期待したほど進まないのを苦慮して、今後は何か自立を支えるような活動が出来ないものかと、彼女は悩んでいた。そこで、特に女性を対象に、収入向上支援を行う手立てを模索しはじめた。

この地に赴任してから二年の間、千葉さんは女性の地位の低さに驚かされる出来事にたびたび遭遇した。

少なくとも南スーダンでは、北スーダンのように、女性がズボンをはいたというだけで罰せられたりはしないし、女性器の割礼《かつれい》もそれほど公然とは行われていない。しかし、伝統的に一夫多妻のこの社会では、女性はまるで男性の所有物としてしか扱われない。

夫の許可なく一人で外出することを許されず、村の集会でも女性は発言を遠慮する。妊婦であっても重いものを持たされ、牛馬のように働かされる。まだ年端《としは》もいかない少女が、家畜と引き換えに四十も五十も歳の離れた老人と結婚させられることもある。

わたしもジブチに赴任していたときに、ソマリア人の女性の扱われ方に、何度となくショックを受けたことを思い出した。

水の入ったジェリーカン（灯油缶）を脇に抱え、乳児を布でおんぶし、さらにもう一人の子どもの手をひいた母親がフウフウ言いながら歩いている。その前を、父親と思わしき男性が、妻をまったく手伝うこともなく、身軽な格好でマイペースで先に進んでいくのを見て唖然《あ》とした。

もう子どもは産《う》みたくないと夫にコンドームを使うように頼んだら、機嫌を損ねた夫にめいっぱい殴られ、診療所にやってきた女性患者の赤くはれた顔。病気の妻とその夫が診療所までやってきたが、ドクターの前に置かれた椅子には夫が座り、病気の妻は立たされたままだ。事ほどさように、女性の扱われ方には目に余るものがあった。

女性が虐げられる社会で、千葉さんは、何とか彼女らの地位を向上させる方策はないものかと日々試行錯誤をくり返していた。そこで、収入向上手段としての民芸品づくりや石鹸《せっけん》づくりを試してみているのだ。

ところが、試作品の石鹸第一号は、赤や黄色の暖色系の色に寒色系の色が混じってしまい、残念ながら不気味色の失敗作になってしまった。

もう一人のロストボーイ

首都ジュバに戻る日の前日の夜、食堂の片隅で本を読んでいた。アドラのスタッフは、みなバタバタと忙しそうで、話しかけるのも気がひけた。

「神は我々に愛想をつかした（God Grew Tired of Us）」という意味深なタイトルのその本はディンカ族のあるロストボーイ（難民孤児）の自伝で、彼自身が内戦中に体験した凄惨《せいさん》な出来事と難民キャンプでの日々、アメリカに移住してからのさまざまな苦労が綴《つづ》られていた。スーダンに来る以前にアマゾンで購入したのだ。

「それ、ロストボーイの本でしょ」

食堂で、最新型ノートパソコンに向かって作業をしていた細身の青年が、ふいにわたしに話しかけてきた。

「僕もロストボーイなんだ」

ピーターと名乗るその青年は、南スーダン最北東部で、北をスーダン、東をエチオピアと接するアッパーナイル州出身のヌエール人で、ＵＮＨＣＲ（国連難民高等弁務官事務所）のフィールド・アシスタントとして働いている。当地の難民帰還を支援するために、時々こちらに来て、ＵＮＨＣＲと連携するアドラの事務所に滞在させてもらっているのだ。そこはかとなく暗い雰囲気のただよう青年だった。

スーダンには、内戦中に家族とはぐれてしまった子どもが二万人以上もいて、その多くが男児であり、彼らは「ロストボーイ」と呼ばれた。戦争中男児は戦力とみなされ、SPLA（スーダン人民解放軍）により訓練されて前線に連れて行かれることもあったため、それを恐れて男児だけを国外逃亡させる家族も多かった。しかし、その過程で家族とはぐれてしまった子どもたちもいた。

ピーターは、本の中身をチラチラ盗み見ながら、この地域のロストボーイたちがたどった壮絶な体験をポツリポツリと話しはじめる。

ピーターの村は、八〇年代後半に空爆に襲われ、彼はその時に家族と離れ離れになってしまった。彼のように身寄りを無くした子どもたちも大勢の大人にくっついて、エチオピアの難民キャンプまで歩いて逃げた。難民キャンプでは、SPLAが子どもたちを対象に秘密裏に軍事訓練を行っており、十二歳になっていたピーターも訓練に参加させられた。

一九九一年にエチオピアの反政府軍が難民キャンプを攻撃しはじめ、難民は大挙してスーダン側へと逃げた。ピーターを含むロストボーイたちは、SPLAの大人たちに引き連れられ、難民キャンプからアッパーナイル州までの長い道のりを、隊列を組んでひたすら歩いた。二週間も続いたこの行軍は、子どもたちにとってあまりにも過酷だった。

三千人近くの隊列は、空からも目を引いたに違いない。彼らは何度も北スーダン軍の空爆に襲われた。一人、また一人と衰弱し、隊列から外れて行った。初めは体力のあった子どもたちも、負傷し、病気に倒れ、いつの間にか脱落していった。

一時避難先の、ナシールという街に着くころには、すでに数十人の子どもが途中でいなくなっていたらしい。道中、食料は底をつき、沼の浮草や道端のカタツムリまで取って食べた。ピーターはこの時食べた、カタツムリの味を思い出したのか、顔をしかめた。

ナシールに二ヶ月ほど滞在している間、SPLAが内部分裂し、子どもたちは突如、解放されることになった。ピーターは一人で故郷に戻り、生き延びていた姉たちと幸いにも再会することができた。しかし、こう着状態にあった内戦が再び悪化し、北の空爆も激しさを増すと二度目の避難を余儀なくされた。

彼は、その後の人生の長い期間を、ケニアのカクマというアフリカでも最大級の難民キャンプで過ごすことになった。例の自伝本の著者が過ごした場所でもある。そこで徐々に穏やかな生活を取り戻していった彼は小学校に入り直し、ひたすら努力を続けた。スイスの援助団体から奨学金を受け、ケニアの首都で東アフリカの中心的大都市、ナイロビの高校、大学に進むまでになった。大学を卒業するころになり、幸運なタイミングでスーダン和平実現の知らせを聞き、一も二もなく帰国を決意した。

平和な時代を実感する日々のなかで、彼は、これまで死んでいった多くの友人のことを思い出すのだという。キャンプで隣人だった友人。ナシールにたどり着くまで、かばい合い、励まし合ってきた友人。彼らは、平和なスーダンを見ることもなく、病気や戦闘による負傷で亡くなっていった。

彼らの顔を思い浮かべるとき、「自分は生き延びたのだ」という感慨が湧きあがる。そして、ついに平和を享受していることを再び確認する。

しかし、彼にはひとつ後悔していることがあるという。

彼がナイロビの大学で勉強していた時期、カクマ難民キャンプのロストボーイたちに焦点があたり、アメリカやカナダなどの先進国がつぎつぎと彼らを受け入れていた。私が読んでいた自伝本の主人公も、その時に、アメリカに再定住するチャンスを与えられたのだ。しかし、ナイロビに滞在していた彼は、そのチャンスを逃してしまった。

「あの時、もしキャンプに残っていたらって、今でも考えるんだ。今頃、僕は憧れのアメリカか、カナダの何処《どこ》かにいたかもしれないのに。そしたら、どんなに素敵な人生を送っていたんだろうって。考えてもしょうがないことだって分かってはいるんだけど」

「もしも」の人生なんて、考えてもしょうがないことなのに、それでも考えてしまうのが人間の性《さが》なのだろうか。生死の境をも切り抜け、生きていること自体に感謝していると、彼がいうのは嘘ではない。一般のスーダン人より遥かに恵まれた立場にいることも分かっている。しかし、手に入らなかったものがもっと魅力的に見えてしまうことがあるのかもしれない。

ピーターの密かな葛藤は、「もしこの仕事をしていなかったら、どんな人生を歩んでいただろう」と思いなやむ自分の姿とも重なった。

ルンベックの若いケニア人

アッパーナイル州のパガックから首都ジュバへの帰路、主な都市間を飛行する民間航空のプロペラ機で、ルンベックという街に向かった。幸い、出発までの数日は雨に降られることもなく、飛行機はパガックを無事離陸した。WFP（国連世界食糧計画）がルンベックからジュバに飛ばしている定期便に乗せてもらうことになったのだが、フライトの都合で、ルンベックで一泊することになった。

飛行場の係員は、何度伝えてもわたしの名前を正確に覚えてくれず、チケットには、NOBUKOとなるところがOPOKOと手書きされていた。これで明日、ちゃんと飛行機に乗れるのか少々不安だ。

ルンベックには、日ごろから大勢の援助関係者が行き来するため、外国人のためのホテルがある。しかし、増加する需要に建設作業が間に合わないのか、外装はテント張りで、中に無理やりくっつけたようなトイレやシャワールームがついている。そんな建設途上のような部屋に八十五ドルもとられると聞き、復興バブルがここにも訪れていることを実感した。

受付で宿帳に記入している間も、援助関係者と思われる多国籍な宿泊客がぞくぞくと訪れていた。

これといった観光地もなく、やることもないため、わたしは昼間から自室のテントでゴロゴロしていたが、あまりにも暑くて蒸し焼きにされそうなので、いったん外に出ることにした。ホテルの中庭には、大きなわらぶきの屋根を張ったバーがあり、風通しも良いので、そこで暑さをしのいだ。

カウンターでケニア産の大瓶ビールを飲んでいると、隣に若いアフリカ人の男性が座った。NDI（National Democratic Institute〔全国民主組織〕）と書かれた黒っぽいTシャツを着ている。「ここで何をやっているのか」と、興味を持って彼に話かけた。

NDIは、かなり政治色の濃いアメリカの団体で、民主主義が未発達な途上国において、民主主義の啓蒙や民主的な政党の支援を行うことを目的としている。ケニア人の彼は、NDIのスタッフとして南スーダンの各地域をまわり、民主主義の大切さを訴えているのだそうだ。

具体的には、ラジオ放送や村の首長への啓蒙を通じて、一般の人々に民主主義教育を行っている。二〇〇九年に控えた統一スーダンの大統領選挙、二〇一一年に予定されている南スーダンの独立を問う住民投票に向けて、民主主義を一層確立していくことが彼らの狙いだ。

アメリカにとってみれば、公正な選挙の土壌ができれば、バシール独裁政権を打倒できるという目論見《もくろみ》があるのかもしれない。そう考えると、内政干渉すれすれの活動にも思える。

「しかし、この国は、まったく国の体《てい》をなしてないね」

彼は、この国の政治が、ほかのどのアフリカ諸国よりも危うい状況にあることを実感していた。南部の中にも、それぞれに部族がたくさんあって、さらに小さな下部族やら氏族がいて、それぞれが衝突をくり返している。

バーの一角には、地元で発行された雑誌がいくつか置かれており、その内のひとつにセンセーショナルな見出しが掲げられているのが目についた。

「南部スーダン政府高官の九九パーセントは汚職まみれだ!」

ゴシップ週刊誌的なノリの見出しとともに、南部自治政府の大統領、サルバ・キールの顔写真が大きく掲載されている。よく言えば貫禄のある、悪く言えば不遜な顔だ。

この国の民主主義は、すでに誤った方向に進んでいるのだろうか。しかし、このような言論の自由も民主主義の副産物には違いない。

仕事と人生の岐路

ジュバに戻り、再びアドラ事務所にお世話になる。

ジュバでの残り数日間は、街歩きを楽しんだり、レストランに食事に行ったりしてささやかながら観光を楽しむことにした。外国人が増えるにつれ、外国人向けの店も多くなってきた。なかなか美味しいイタリアンの店などもある。ナイル川沿いにあるそのレストランの価格は、やはりそれなりにかなりのものではあったが……。

街中の道路の舗装作業が急ピッチで進められている。まだ行き交う車も少ないが、これから一気に増えていくのだろう。時折、舗装途上のジュバの道路には不釣合《ふつりあ》いなほどの高級車が走っているのを見かけた。

援助やオイルマネーなど多額のお金が汚職により特定の人々の懐《ふところ》に流れていると皆が感じている。

ジュバで一番高級だといわれる中国人の経営するホテルで、紗世さんと食事をすることにした。高級というより高価なのであって、実際のところホテルの中の造りはいたって質素で、建物は張りぼてみたいだ。

ホテルのレストランで、暑さにかまけて大瓶ビールを何本も飲みほしてゆく。いつの間にか饒舌《じょうぜつ》になり、わたしたちの会話はプライベートな話題に及んだ。紗世さんは、イギリス人の彼と長らく遠距離恋愛を続けていて、この仕事をいつまで続けられるのかと悩んでいるようだ。

開発援助業界には、何とはなしにこの仕事に就《つ》いたという人はあまりいなくて、この仕事がやりたいという強い動機を持って飛び込んできた人が多い。「世界の貧困を何とかしたい」というような壮大な目的意識を持ってこの仕事を志す人もいれば、「いろんな国に行ってみたい」という物見遊山的な興味を持って志す人までさまざまだが、「ほかに選択肢がなくて」「いやいや」この仕事に就いたという人には出会ったことがない。

一方で、新卒採用枠は一部の大きな機関を除いてほとんどなく、大学院を卒業し、数年間、ほかの業種での職歴を積むなどのステップを踏まないと、その入口にも立てない。やっと開発援助の仕事に携われるようになったころには、世間で言うところの結婚適齢期にさしかかるか、もしくは過ぎている。

さらに、一人前として認められるためには、数年間は途上国の現場仕事に従事しなければならず、それからステップアップのために国連など大手国際機関の仕事を目指す人も多い。

バイタリティーにあふれた人たちがそろっていて、仕事のうえでの上昇志向もそこそこに強い人が多いが、多くの赴任地が僻地で、移動も頻繁だったりするので、仕事に打ち込むほどにプライベートが犠牲になる。この世界で生きる三十過ぎの女性たちはほとんど、「仕事かプライベートか」という悩みに突き当たる。

夢を持って努力して手に入れた仕事が、一段落して慣れてきたころに、この仕事を続けていけるのか悩みだすという、なんとも皮肉な話なのだ。東大やコロンビア大など錚々《そうそう》たる学歴の女性たちでも、同じような悩みに突き当たっている。

それでもまだ上昇志向の強い人は、迷わずキャリアアップの階段を上がっていくが、「自分は一体何をやりたかったんだっけ」と立ち止まってしまう人もいる。わたしもその例にもれず、自分の今後の人生に明確なビジョンが見出せなくなっていた。

途上国の現場で働きたいという漠然とした思いだけで、十年近くも突っ走ってきたが、一生この生活を続けていて良いのだろうか。しかし、今の私には「待っている人もいなければ、守るべきプライベートライフもない。さりとて、より上を目指すような上昇志向もなければ、大手機関の仕事への興味もたいしてない。

選択肢のある幸せ

帰国の前日、マリアがお別れを言いにきてくれた。この間までストレートパーマをかけていた髪が、編み込みスタイルになっている。アフリカ人の女性は、髪のオシャレにこだわりがあるが、髪型に凝《こ》れるというのも経済力の証だ。村人たちはいまだに、そのまま伸ばしたような髪型のほうが多い。

アドラ事務所の敷地で、二人で午後の時間をぼんやりと過ごした。マリアは、わたしの年齢がいくつなのか知りたがったので、三十代後半と応えたところ、驚いていた。その年齢になっても独身でいられることを羨《うらや》ましくも思ったようだ。二十四歳の彼女は、この国ではすでに行き遅れのレッテルを張られそうになっているのだという。

「二十歳もとっくに過ぎたんだから、そろそろ結婚しろって、両親や親せきがうるさいのよ。うんざりしちゃうわ」

南スーダンの多くの家庭では、男の子には教育の機会を与えても、女の子の教育にはまったく力を入れない。彼女のように大学まで行く機会に恵まれた女子は相当まれな存在だ。実際、小学校を卒業した女性は一パーセント程度しかいないと聞くと、彼女の存在がどれだけ貴重なのか実感がわく。

女性が教育を受けられない理由のひとつには、早婚の習慣がある。

女性が何歳で嫁ぐかは、家族や部族の慣例によっても異なるが、場合によってはわずか七、八歳ほどの女の子が嫁に行かされることもあるし、生まれたばかりの乳児が婚約させられることもあるらしい。

マリアの住んでいた村では、小さいころに無理やり年配の男性と婚約させられた少女が、年ごろになっていよいよ嫁ぐという日に、崖《がけ》の上から飛び降り自殺してしまったという事件があった。

その少女の死から四半世紀を経て、教育を受けた女性が社会に進出する時代がようやく到来しようとしている。マリアのような女性は先駆者として、新しい時代の模範的女性像を示す存在になっていくのだろう。

「結婚しなくてもいいじゃない。貴女《あなた》だったら自分で仕事見つけて、一人で十分食べていけるよ」

わたしは彼女をそう励ましてみたが、彼女にとっては現実的なアドバイスではなかったようだ。

「そんなわけにいかないわよ。この国で女が一人で生きていくっていうのがどういうことだか分かる？ 所有者がいないから好きに扱っていいって思われて、レイプの被害にあったりするのよ」

彼女は、いずれは親の決めた相手と結婚することを覚悟しているのだそうだ。結婚しないという選択肢があるということは、実は恵まれたことなのだと思い知らされる。選択肢があるからこそ、迷いも生まれるのだということも。

現在は政府機関で仕事をするマリアは、その傍《かたわ》ら、ケニアから戻って来た仲間たちと共に立ち上げたＮＧＯの代表を勤めている。彼女のＮＧＯは女性の自立支援をサポートするため、女性に読み書きを教えたり、小規模ビジネスを立ち上げるお手伝いをしたりしているという。自分たちがより恵まれた立場にあることを十分理解している彼女らは、長い間虐《しいた》げられてきたこの国の女性たちのために少しでも貢献したいと願っている。

日が暮れはじめた。マリアとのお別れは名残惜《なごりお》しかったが、またいつか再会しようと誓い合い、彼女は乗り合いバスに乗って立ち去っていった。女性が遅い時間まで外出し、こうやって一人で移動することも、昔なら考えられないことだったのだろう。時代は着実に変化している。

日本に帰国したのちしばらくして、紗世さんから、「結婚してイギリスに移ることになった」との便りが届いた。南部スーダンへの旅を通じ、もう少しアフリカの現場での仕事を続けてみようとの意志を固めつつあったわたしには、紗世さんの選択を心から祝福してあげられるほどの余裕ができていた。漠然としたビジョンしかなくても、自分の意志で道を選択することが許されるのは幸せなことだ。人生の岐路に、それぞれが下した判断が最善であったことを信じて、彼女にお祝いのことばを送った。

二〇一一年一月、スーダン南部の独立を問う住民投票で、九九パーセントの南部住民が賛成票を投じた。そして同年七月「南スーダン共和国」がまさに独立を宣言し、アフリカ大陸五十四番目の新国家が誕生した。人々が長年待ち望んだ平和と繁栄の国づくりが本格的にはじまる。南スーダン住民の下した判断に、多くの可能性を期待しよう。

第3章　難民に寛容な国 —— ザンビア

ＪＩＣＡの専門家待遇で赴任

南部アフリカの中心に位置する内陸国ザンビア共和国（以下、ザンビア）……。コンゴ民主共和国、タンザニア、アンゴラ、モザンビーク、ジンバブエ、ボツワナ、ナミビアなど、さまざまな国々と国境を接し、多種の部族を抱えている。二〇〇三年後半から合計で二年間、わたしはザンビアの首都ルサカ市で暮らした。

ザンビアに到着した途端、不思議な解放感に包まれた。アジアでの仕事が続いた後、やっと志望していたアフリカに赴任したためか、前任地が人口密度が高く、どこに行ってもやたらと人、人、人であふれているバングラデシュの首都ダッカだったからなのか。

アフリカに興味を持ったのはオランダ留学時代である。アフリカから来ていた留学生の多くは、前出の（第1章）アフメッドのような生真面目で控え目な少数を除いて、時間にルーズで、大雑把で、いい加減で騒がしいという印象を受けた。比較的地味で、物静かなわたしたちアジア人留学生とは、確実に違うＤＮＡを持つ人たちなのだと再認識させられた。

彼らはわたしたちよりずっとオランダ生活を満喫していた。勉強はほどほどに、放課後にはよく食べ、よく飲み、よく踊り、よく笑った。人生は楽しまねば損とばかりに。

レポートの締め切り間際《まぎわ》でも、パーティーに参加して踊り明かせるほど、ある種刹那的《せつなてき》な彼らを、うらやましく思い、こんな大らかな性格を育んだ土地柄は、とても開放的なところに違いないと思った。知らず知らずにアフリカに対する憧れのような感情がじわじわと植えつけられ、いつか、アフリカで暮らしてみたいと考えるようになっていた。

ザンビアは、そんなわたしが初めて長期滞在することになったアフリカの国であり、わたしのイメージするアフリカ大陸の魅力をそのまま詰め込んだような土地柄だった。

都市部の快活で喧騒な雰囲気、赤、青、黄、緑など原色の衣服を着た人々、行き交う車のガソリンの臭い。地方に行けば畏怖《いふ》の念を感じさせる広大なサバンナの自然、野生動物の群れ。どれもが五感を生き生きと目覚めさせるものにあふれていた。

日本では夏も終わり秋がはじまっていた。これから徐々に寒くなろうという時期、南半球のザンビアでは夏の真っ盛りだった。

内陸のやや高地に位置する首都ルサカの市街は、乾期には毎日晴天に恵まれ、カンカンと降りそそぐ太陽の光がとても近くに感じる。この国の人々の性格も、この天気に負けず劣らず大らかで明るく楽天的な感じがした。幹線道路の両脇につづくジャガランダの並木が、大量に薄紫の花を咲かせる時期でもあり、通行人はしばしうっとりしながら、ここを通過する。

ザンビア赴任が決まってからの高揚感には、もう一つ理由があった。今回は、途上国支援の仕事といっても、JICA《ジャイカ》（国際協力機構）の専門家待遇の仕事だった。

オランダの大学院を卒業してから、それまで開発コンサルティング会社やNGOの契約職員や現地採用職員として、さまざまな支援現場の仕事に携わったが、わたし自身の経験不足もあり、アシスタント的な扱いが多く、正直なところ待遇もそれほどによくないので、生計を立ててゆくのも相当に厳しかった。自分のやりたい仕事に就《つ》いたとはいっても、それを楽しむほどの余裕はなく、時には友人に借金までする始末だった。

しかし、今回の仕事では、報酬や待遇が飛躍的に改善された。まだ若い身分で「専門家」と呼ばれることにも、少し鼻高々だった。

とはいえ、人間いきなり貫禄がついたりするわけはなく、もともと見た目も幼く見られるわたしは、アフリカでもやはり格下扱いだった。男だったら、威厳をつけるために髭でも伸ばそうなどというところか。でも、ザンビアは、そんな些細なことは吹き飛ばしてくれるほど魅力的な土地柄だった。

ルサカ市に赴任した当初の数ヶ月、爽快な気候と、広大な自然と、人々の陽気で適当な性格の力もあって、わたしの人生の中でも最も幸せな時期を過ごしたといっても、大げさではないかもしれない。毎日大量に太陽の光を浴びることで脳内のセロトニンの分秘が促されて、精神状態にも良い影響があったみたいだ。

しかし、日のあたる場所には影もある。時を追うに従い、この地域が抱える影の部分にもだんだんと触れていかざるを得なくなった。

アフリカの光と影

一九六四年、東京オリンピックの最中に、旧イギリス領北ローデシアから独立したザンビアは、一九九〇年代までは経済的にも低迷期にあった。しかし、二〇〇〇年代に入ると主力産業である銅の世界市場における価格の高騰にも助けられ、順調な成長を続けるようになった。わたしが滞在していた二年程度の間にも、都市の表情が日に日に変化していた。

大規模なショッピングモールがつぎつぎと建設され、さまざまな外資系ビジネスも入り込みはじめていた。高級車を乗りまわすような新興のお金持ちが現れ、街を走る車の台数が目に見えて増加していった。だれもが好景気を享受しているかのような、錯覚を覚える。

しかし、そんな経済成長とはまるで無縁のように、ギリギリの生活を続けている人々が大勢いた。

当時、わたしは、首都ルサカ市の貧困層居住区に住む人々の健康や衛生などの改善を支援するＪＩＣＡのプロジェクトに従事していた。貧困層の居住区は「コンパウンド」と呼ばれ、都市のなかの集落というか、一種のスラムに近いような存在で、市内数ヶ所に点在し、そこにルサカ市の人口の半分以上が集中していた。

ザンビアの失業率は数字の上では確実に下がっているはずだが、コンパウンドは相変わらず職のない人々であふれている。明日に希望を見出せないままに、窃盗などの犯罪に走る人々、なけなしの金で酒におぼれる人々がいた。

わたしの仕事はこのような地域で、住民からボランティアを募って組織をつくり、ゴミを収集したり、排水溝を建設したり、家庭用の簡易トイレを設置するなどして、地域の衛生状況を改善していくことだった。

コンパウンドのなかは人口密度が高く、コンクリートブロックを積み上げた簡素な家々が密集していて、路上にはゴミが散乱している。下水道はないので生活排水は垂れ流し。汚水は路上に溜まって薄気味悪い灰色をしている。異臭を放つ汚水のなかでも子どもたちが平気で遊びに興じている。

環境がこのようななかで衛生活動を行うことは、住民の理解は得やすかったし、ボランティア活動に参加したいという住民は、老若男女を問わず、いくらでも見つかった。が、このボランティアへの意欲には〝裏〟があった。

活動は純粋にボランティア活動で、金銭報酬はないと告知しているにもかかわらず、「活動に加わっていれば、この先、日本人が何か職を当てがってくれるかもしれない」といった、根拠のない、しかも切実な期待を持っている人が多かったのだ。だからしばらくすると、当てがはずれたとばかりに、ボランティアたちは一人、二人とドロップアウトしてゆく。

日中は、一時間も屋外にいると、サンダルの跡が足の甲にくっきりとつくほどの日差しの強烈さ。アフリカ人の肌が黒いことにも、なんだか妙に納得がいく。

そんな炎天下でボランティア活動を行うことは当然、かなりの体力を消耗するわけで、大量の汗をかきながら活動に従事するボランティアたちに、飲物のひとつも出せないことに申し訳なさを感じていた。

彼らのほとんどは定職がなく、一家の長でも、「今月の収入はゼロだ」とあっけらかんとしている。農村で生きていくのとは違い、都市では現金収入がなければ食料すら満足に得られないはずなのに、子どもを四、五人抱えた家族が、どうにかこうにか生きている。

彼らには、穴のあいた靴を修理したり、新しいシャツを買ったりする余裕もないのだろう。身なりは貧しく汚れていた。それなのに、なぜか昼間から酒を飲むような余裕はあったりもする。実にコンパウンドの生活は謎めいている。

外見《そとみ》には空き家のような、屋根も壊れたバラックに十人ほどの大家族が住んでいて、十歳を頭に食べ盛りの子ども七人を抱えている……。一体、彼らの暮らしはどうなっているのか不思議に思った。

コンパウンドを行き来し、そこで知り合った人々の暮らしぶりを眺めながら、文献などでは決して知りえない貧困地域に住む人々の生活の〝裏側〟に触れることになった。

難民キャンプからの逃亡者

ルサカ市のはずれにジョージ地区と呼ばれるコンパウンドがある。ルサカ市にいくつかあるコンパウンドのなかでも際立って貧しく、地域の繁華街にはギャングがたむろするなど、治安の良くないところだ。

コンパウンドの入り口にあるバス停には、ジーンズを腰までずり落としたスタイルではいている若者たちが集まっていて、そばを通るといつも酒くさい息を吹きかけながら、まとい付いてくる。

一般市民にとっては、できれば近よりたくない地域として敬遠されていたが、外国からやってきた難民や移民家族、果ては犯罪者にとっては、このような場所が、ルサカ市に住みつくためには絶好のエントリーポイントになっていた。

まだだれも占拠していない土地に、国や市の許可なしにこっそり仮住居《かりずまい》を建てる人もいる。監視の目が薄いのだろう。

実際、ここには多くの外国人が住みついていて、地域の住人が時々指さして教えてくれた。

「ほら、あそこで物売りをしている人はコンゴ人だよ」

「ここに住んでいる人たちは、ルワンダから逃げてきた家族だよ」

わたしの目には、ザンビア人もほかのアフリカ人もまったく区別がつかなかったが、衣装の着こなし方、微妙な肌色の違い、顔や体の特徴などで、彼らにはザンビア人ではないと分かるらしい。海外にいても日本人が、日本人を見分けられるのと同様なのだろうか。ザンビア人には日本人と中国人、韓国人はまったく見分けられない。

この地域で活動を行うボランティア住民のなかには、隣国コンゴ民主共和国からの難民も何人かいた。フランス語を公用語とする国で育った彼らは、英語をほとんど話せず、ザンビアの人々が使う現地語もたどたどしく、身ぶり手ぶりで一生懸命ほかの人たちとコミュニケーションを取っていた。

そのような外国人移住者も自然のうちに地域に溶け込んで、ボランティア活動さえできるのは、移民だろうと難民だろうと、垣根なくつきあえるザンビア人の懐《ふところ》の深さもあるのだろうと感じていた。

そのジョージ地区のコンゴ人を介して知り合ったコンゴ難民のフランクは、わたしにとって最も印象深いアフリカの友人の一人である。知識も豊富で、身なりにも気を使っていたためか、コンパウンドのほかの住民とは少し違う風体《ふうてい》だった。

いつもポケットのいっぱいついた服など一風変わった服を着ていて、「僕がデザインして仕立屋につくらせたんだ」と、おしゃれへのこだわりも見せる余裕があった。

細面《ほそおもて》でスラッとした体形の彼は、たしかに何を着てもよく似合った。髪をきちんと刈り込んで、髭も剃り、スーツなどを着ていると、いっぱしのビジネスマンのように見えた。

しかし、いっぱいあるポケットのどれに家の鍵を入れたのか分からなくなり、慌ててひとつひとつのポケットに手を入れて探しまわる、おっちょこちょいな人でもあった。

大学出の彼は、英語やフランス語だけでなく、コンゴで話されるスワヒリ語やリンガラ語、さらにはザンビアの言葉など、多言語に堪能で、ザンビア人ですら時々、彼がコンゴ人だと気がつかないほどに現地の言葉を話した。アフリカの政治や歴史を、皮肉を利かせて説明してくれたりもして、話がおもしろい。多弁で陽気でユーモアのある人柄は、わたしの持っていた難民イメージとはおよそかけ離れていた。

年齢が近いこともあってフランクとわたしは、すぐに意気投合した。その後、彼はフランス語の家庭教師として週に一度わたしの家を訪れるようになった。しかし、話題の尽きない彼のジョークや小話を聞いて、笑い転げるばかりで、勉強のほうはあまり進まなかった。

ある時、彼が数週間ほど姿を見せず、連絡が取れなくなったことがあった。約束をすっぽかされたり、連絡がとれないことなど、ザンビアではよくあることなので、「しょせんフランクもアフリカ人だから」と特別気にも留めなかった。

その後、二ヶ月ほどして、さすがに「一体どうしちゃったのだろう」と心配になりはじめたころ、フランクが再びわたしの前に現れた。彼の変わりようは目を疑うほどだった。もともとスマートな体形がさらに病的に痩《や》せこけ、無精ひげを生やし、頬骨が浮き出ている。着ていたシャツにも汚れが目立った。まるで脱走兵のような出立《いでたち》に、普段のおしゃれな彼は見る影もなくなっている。

彼はきっと、どこかで余暇でも過ごしているのだろうと呑気に考えていたわたしは、その変貌ぶりに驚きあわてて、彼の身に何が起きたのか問いただした。

「話すと長くなるよ」と言いながらためらっている彼を家にあげ、じっくり話を聞くことにした。律儀な彼は、こんなときもドアから中に入る時に靴を脱いで、ちゃんとそろえて表に置いた。ちなみに、わたしが身に着けさせた習慣だ。

ソファに座ると、多少落ち着いたのか、ポツリポツリと事情を話しはじめた。

「実は、入国管理局に捕まって、ずっと牢獄に入ってたんだ」

「えっ……」

彼の言葉に驚いているわたしに気を使ったのか、フランクは無理やり笑顔をつくった。

ある日、彼が街を歩いていると、入管の職員に呼び止められ職務質問された。身分証明書を見せろといわれ、難民のＩＤ（身分証明）を見せると、入管の職員に有無をいわさずしょっぴかれて、ルサカ市の牢獄に入れられた。二ヶ月後、彼はそこから北部の難民キャンプに移送されたが、すぐに監視の目を盗んでキャンプを抜け出し、ようやくルサカに舞い戻ってきたのが、つい数日前の事だというのだ。

彼の不在の間、住居には空き巣が入り、金品から家財道具まで一切が盗まれていた。

しかし、難民としてザンビア滞在を認められているはずの彼が、なぜ投獄されるのか、わたしは腑《ふ》に落ちない。ザンビア政府発行の難民認定証を見せてもらったことがある。

「この国の法律では、難民は基本的に難民キャンプに留まらなければいけないんだ。許可なく難民キャンプを離れれば、不法滞在者として容赦なく取り締まられることもあるんだよ」と彼は説明した。

また、難民を投獄するのは「二度とキャンプから脱走するなどという考えは起こすなよ」という脅しをかけるためなのだとも。実際に、投獄された経験を持つ難民たちは心身ともに消耗し、再びキャンプに放り込まれた後は、そこから脱走することをあきらめる者が多いらしい。

雑居房の人々

「いやー、それにしても、牢屋というのは人権もへったくれもない所だったよ」

うまく逃げおおせた安堵感がこみ上げ、いつもの調子が戻ってきたのか、フランクは牢獄での体験談を身ぶり手ぶりも交えて話しはじめた。

牢獄は雑居房で、狭いスペースに二十人近くの者が押し込められ、食べものや衛生事情は最悪だったという。食事は日に一食、それも主食のシマ（トウモロコシの粉を練ったもの）だけでおかずは何もなし。雑居房の床はコンクリートで、じっと座っているだけだとお尻が痛くなる。また、蚤《のみ》や虱《しらみ》がわんさとわいて、深い眠りに就くこともできなかったらしい。

以前に一度だけ、わたしもルサカ市の拘置所を訪れたことがあった。あるコンパウンドで住民ボランティア同士が仲たがいし、警察沙汰にまで発展した。

一人のボランティアが活動に使うためのセメントを盗み、彼と仲の悪かった別のボランティアがそれを見つけ、警察に通報した。盗んだほうは拘置所に数日間拘留された。ボランティアたちの活動に責任を持つ者としては放っておくわけにいかず、わたしは捕まった彼の身柄を引き受けに行くため、拘置所に向かった。

コンクリート敷きの狭いスペースに、何人もの容疑者たちが閉じ込められていた。まだ年端《とし は》もいかない少年もいる。何か救いを求めるような目で、鉄格子の向こうからじっとこちらを見ていた。

ベッドも椅子も何もなく、みな床に横たわったり、足を投げ出して座ったりしている。日《ひ》も差し込まず、じめじめしていて、恐ろしい悪臭で、一歩足を踏み入れるだけで、病気になるのではないかと思った。

迎えに行った男性は、三日ほどで出られたのだが、肉体的にも精神的にもかなりのダメージを受け、五十近い年齢の体に相当の負担だったようで、放免された後もしばらく家で寝込んでしまった。ちなみに、この国では五十代はかなりな高齢の部類になる。

そんな非人道的な環境にあっても、何とか自らの欲求を満たそうと知恵を働かすのが、人間のすごいところだと、何か感動的な発見でもしたかのように、フランクは牢獄での出来事を話しはじめる。

雑居房の狭いスペースのなかで皆が自由に寝ることは叶わないため、囚人は揃って横向きに寝ていた。その姿勢で長時間が経つとやがて片方の肩や腰が痛くなってくる。そのうちに囚人たちの間で暗黙のルールが出来て、だれかが手を叩いて合図をし、皆が一斉に向きを右から左へ、左から右へと変えるようになる。そうすることによって、何とか皆が休息を取ろうとしたのだ。

「面白いだろう。そんな所でも秩序が芽生えるなんて」

フランクはまるで冗談でも話すかのように、床に寝転がって手を叩き、その様子を再現して見せたので、わたしは不謹慎にも、笑い転げてしまった。そんなことが、彼のやつれた相貌《そうぼう》に漂う悲壮感を何とか打ち消していた。

また、雑居房にいた囚人たちは、食欲を満たしたい人たちのグループと性欲を満たしたい人たちのグループに大雑把に分けられるらしい。食欲を満たしたい人たちは、性欲を満たしたい人たちに食料を追加でもらい、その代わりにオカマを掘られるのだと彼は解説した。その話を聞いて、私はギョッとした顔つきでフランクを見た。彼は慌てて言葉を付け足した。

「僕？　誓って言うけど、僕はどっちのグループにも属さなかったよ。頭がおかしくなりそうな環境で、正気を保つのはなかなか難しかったけど……」

想像を絶する精神や肉体の苦痛を耐えぬくには、神経を鈍感にせざるを得なかったのだろうか。彼の語り口は、自身の体験というよりも、終始まるで他人から聞いた噂話でもしているようにしか聞えない調子だった。それにしても、尋常でないやつれよう、落ちくぼんだ目、乱れた服装は、彼の置かれた環境の苛酷さを十二分に物語っている。

ちゃんと食べているのか心配になり、自分のために用意していた夕食をフランクに差し出した。ベジタリアンの彼は、いつものように肉の入った料理に手をつけようとせず、平皿に入れたコーンスープだけをスプーンを使って飲みほした。

こんな時まで彼がベジタリアンの姿勢を崩さないのには恐れいる。何をきっかけにベジタリアンになったのかは知らないが、そのうえ彼は極めつけの動物愛護者ぶりで、ゴキブリを殺虫剤で殺そうとすると、止めに入って素手で捕まえて外に放すような始末なのだ。ネズミでさえ生きたまま素手で捕まえて、エサと一緒に遠くに放すような人だ。

その後、彼と連絡が途絶えるたびに、この気のいい友人がまた投獄されたのではないか、と気を揉《も》むことになった。

ンゴマ町内会長とルーズな住民ボランティア

ルサカ市のコンパウンドに、ムテンデレと呼ばれる地区があった。

車を持つ人が増えたおかげで、市内はどこもかしこも交通渋滞に悩まされるようになってきたが、ムテンデレ地区周辺は特に混雑がひどく、そこを通行するのには毎回骨が折れた。地区の入り口付近にバス停があり、そこには何十台ものミニバスが長蛇の列をつくり、「割り込むな！　道を塞《ふさ》ぐな！」と運転手たちの怒声が飛びかう。

それにしても日本車の多さには目を見張る。ザンビアで急速に車が増えたのは、日本の中古車が手に入りやすくなって、金持ちだけでなく中間層にも車を購入する人が増えたことも原因だろう。〇〇株式会社、××工務店などと、ボディーに社名が入ったままの中古車が走っている。あるときは「しらさぎ幼稚園」と書かれた小型バスに男たちが屈託なく乗っていて、そのギャップは笑えるものだった。

車でこの場所を抜けようとして、このままでは日が暮れてしまうと、わたしは車を降りて歩いてムテンデレ地区に向かった。

地元の人々は、隙間なくつまった何十台もの車の間を器用にすり抜け、道路を横断するが、微妙に動き続ける車に触れないように、タイミングをはかって移動するのはなかなか難しい。小さな子どもや頭に大きな野菜かごを乗せたおばちゃんが、ひょいひょいと向こう側に渡ってゆくのを見て、彼ら、彼女らは何か特殊な能力でも身に着けているのではないかと思った。

車の渋滞をようやく逃れても、一歩ムテンデレ地区に入ると、今度は人でごった返している。狭い道路の両側に野菜などを売る人々が店を広げるので、道はますます狭くなる。通行人や行商をかき分けながら進む。人混みに酔いながら、ひたすら目的地に向かう。ボランティアたちの集合場所であるムテンデレの診療所だ。

向こうから恰幅のよい巨体を揺らしながら、近づいてくる人物が目にはいった。このあたりの町内会長を長年務めているンゴマさんだ。彼を目にした通行人がいちいち彼にあいさつし、彼の周りには人の輪ができているので、遠くからでもよく目立つ。

「よお、今来たところだ」

頬のふくれた丸顔をこちらに向け、ンゴマさんがわたしに手をふる。少し遠目では、アンパンマンに似ている。彼もボランティア活動に参加してくれている。

診療所に着いたころには、朝一番と約束した集合時間から十五分過ぎていた。まだだれも来ていない。結局、わたしとンゴマさんが一番乗りだった。これは毎度のこと。三十分もするころバラバラと人が集まりはじめ、一時間してようやく十人ほどのまとまった人数になった。いつものことながら、彼らの時間のルーズさには呆《あき》れる。

「集合時間は九時って言ったでしょ。九時AMであって九時BMT（ブラック・マンズ・タイム＝アフリカ時間）じゃないって、念押ししたのに……」

一応通り一遍の小言をいうが、BMTが可笑《おか》しかったのか、みんな笑っている。わたしのほうもアフリカの時間感覚にもすでに慣れてしまい、この程度ではもはや気にもとめなくなる。三十分、一時間はザラで、雨が降るとさらに集まりが悪くなり、結局中止などということもある。

役所の高官たちでさえスケジュール帳を持たず、約束を平気で反故《ほご》にする。それではと、一ヶ月前から予定を抑え、一週間前に電話で確認、さらに前日に再確認して、これで完璧などと思っても、当日のドタキャンに遭《あ》うことがある。

「急な地方出張が入った」
などと言い訳されても簡単に怒りはおさまらない。言い訳をする人はいいほうで、
「忙しいんだから仕方ないだろう」
と開き直られることもある。失った時間とアフリカのお役人は、いまいましいほど、思い通りにはならない。お役所の建物の壁にかけられた時計がいつの間にか止まったままでも、だれもそれを気にかける様子もない。

支援活動への誤解と偏見

ボランティアの定期活動は、一時間遅れではじまった。今日の活動プランは、ムテンデレの新地域での簡易トイレ造りだ。下水道のないコンパウンドでの一般家庭のトイレは、単に地面に穴を掘っただけのものが多く、汚物が流れ出て周辺がすぐに汚されてしまう。

コンクリート製の衛生的なトイレが増えれば、汚物による汚染もある程度防げる。そのため環境衛生活動の一環として、簡易トイレの建設に着手していた。

コンパウンドの新地域は農村からの移住者が大量に住みついて、最近急拡大している地域で、診療所のある旧地域よりさらに貧しい人が多く、衛生状態も悪い。ボランティアたちは議論を重ね、その新地域の何ヶ所かでのトイレ造りを決定した。

その後、ボランティアたちと新地域の住民が話し合い、トイレ造成の場所が選ばれた。選定

した場所に地下深く、二メートルくらいの穴を掘り、周りにブロックを積み、さらにそれをコンクリートで固め、その上にふたをして用足しのための小さな穴をつくる。トイレのできあがりだ。二メートルのたて穴が一杯になったら、市の行政サービスにバキュームカーを派遣してもらい、汲み取ってもらう。

これから現場に向かう前に、いつも通り、ミーティングをはじめた。普段はやる気に満ちて見える青い作業着のボランティアたちが、今日はどことなく不満げな顔をしている。何か問題でもあるのかと話をふると、口々に新地域での活動の大変さを語りはじめた。

ある人は、活動中に、新地域の住民に空のペットボトルを投げつけられた。

「失礼じゃないか」と抗議したところ、

「お前ら、日本人に尻尾をふって結構な額の金もらってるんだろう？　そこのゴミもちゃんと拾って捨てておけよ」

と、さらに侮蔑的な発言を投げかけられた。

感謝されるどころか、誤解と偏見の目を浴びせられ、侮蔑される。ボランティアたちの士気はすっかり下がってしまったのだという。

新地域の住民は、貧しいうえに意識も低く、衛生改善活動の大切さを理解してくれないと、町内会長のンゴマさんは説明した。無償で地域のために働くことも、ボランティアの善意も信じられず、何か利益を得ているのだろうと誤解されているのだという。

しかし、ボランティア活動でお金が稼げるというのは、完全に誤解とも言い切れない面があった。

わたしたちがコンパウンドで活動しはじめてから、地域住民をボランティアとして養成する形の活動がにわかに増えはじめた。エイズの予防啓発を行う活動、栄養失調児のケアを行う活動、母乳育児を推進する活動など、さまざまな援助団体が参入してきた。

地域ボランティアを活用すると効果が出しやすいことを認識されたからだろう。なかにはボランティアといいながら、診療所の看護師なみの日当が支払われているケースもあった。そうやってより多くの住民ボランティアをかき集めるためだ。

そのうちに、いくつかのボランティア活動をかけ持ちしながら、その日当で食いつなぐようなエセ・ボランティア的な住民も現れる。彼らは、それぞれの活動がどの程度お金になるのか計算して、よりお金がもらえる活動を選んで首を突っ込む。

そんな折、ジョージ地区では、ボランティア活動をめぐってひと悶着おきていた。

特に衛生環境の悪いこの地区では、毎年、一月、二月の雨季の終わりごろになると、コレラが大発生する。コレラは汚染された水や食物を媒介として広まる病気で、感染力も強い。コレラに罹《かか》った患者は、下痢《げり》と嘔吐《おうと》をくり返し深刻な脱水症状に陥るため、子どもや老人など体力のない人は死にいたる場合もある。

わたしたちのプロジェクトでは、毎年のコレラ流行時期に備え、ボランティアたちを訓練して組織化していた。彼らは、コレラの知識を近所に啓蒙し、患者を見つけたらただちに病院に転送し、患者の家や周辺を消毒してまわるという活動を行っていた。

このような活動がやっと軌道に乗りはじめたころ、欧米のある有名な医療ＮＧＯのチームがジョージ地区にやってきた。

そのＮＧＯは、大規模なコレラ治療病棟を地域の公的診療所の敷地のなかに建設し、診療所の看護師を大勢コレラ病棟にはりつけ、地域住民ボランティアを集めて、万全の治療体制をしいた。そこに運び込まれてくる患者はつぎつぎと手厚い治療をほどこされ、地域のコレラ患者の死亡者は目に見えて減少していった。

だが、その裏ではさまざまな問題が起きていた。コレラ患者の治療に人手をとられた診療所では、ほかの患者への対応が完全に手薄になっていた。

また、地域住民も「コレラに罹っても治療してもらえる」という油断から、手を洗い、身辺をきれいに保つなど、普段の予防活動にあまり気を払わなくなった。治療を受けて家に帰された患者が、再び感染して病棟に舞い戻るようなケースも多くなった。

さらに、このコレラ治療活動は地域住民の間でのいざこざを引き起こした。活動に動員されたボランティア住民には、かなりの額の報酬が支払われていた。彼らの報酬は、診療所の看護師よりも高額だという情報が地域で飛びかい、自分たちもボランティアに採用されたいと、区域外のよその地域の住民までがコレラ治療病棟に殺到した。

募集人数を大幅に超えた応募者があったので、地域の有力者たちで人選をしたのだが、それが妙な利権の温床になってしまったと聞く。人選をした有力者たちは、選ばれた人たちから金銭報酬の三割ほどのキックバックを得ているとも噂された。また、その条件に応じた人のみがボランティアに選ばれているという噂も流れた。

実際、コレラ治療病棟のボランティアに選ばれた面々は、これまで地域の活動には一度も顔を出したこともないような人々ばかりだった。これを知り、これまで無給で環境衛生活動に携わってきたボランティアたちにも動揺が走り、報酬の支払われない活動を辞めたいと言い出す人たちが続々と出た。

その後は、事態を収拾するために、何度もボランティアとの話し合いに骨を折らねばならなかった。

ここまで極端な例は珍しいにしろ、ほかのコンパウンドでも多かれ少なかれ、似たような事例が観察されていた。お金のない地域でお金をばらまくという安易な行為がもたらす負の現象を、この時まざまざと見せつけられた。

どれほど目的が崇高でも、手段を間違えるとマイナスの影響のほうが大きくなることがある。しかも、このコレラ治療活動の結果についてのレポートや文献では「コレラによる死亡率の低下」と、きれいごとの報告しか記録が残されない結果になる。

ムテンデレ地区でも、高額の報酬をボランティアに支払う活動が入り込みはじめたが、幸いなことに町内会長のンゴマさんがそこをうまく調整していた。診療所のスタッフとも相談し、普段、無償の活動に積極的に参加しているメンバーを、有償の活動にも優先的に選んで、お金目当てだけのボランティアを極力排除した。

しかし、排除された人たちにしたら、きっと面白くなかったのだろう。何か利権がからんでいるのではないかと、憶測でやっかみ続けていた人も多くいた。

この日のミーティングでは今後、新地域の住民の誤解を解くために、しばらくは啓蒙活動を中心にしてゆく方針を決めた。トイレ造成などの実質的な活動はそれまで休止することも決まり、ミーティングに集まったボランティアは三々五々と散っていった。

都市難民マニラボンナさんの受難

ムテンデレの診療所のすぐそばに、小さな雑貨屋があった。看板も掲げてなく、民家の一部を改造しただけの個人商店だが、規模の割に食品から日用雑貨まで、何でも揃う便利さから地域のザンビア人も贔屓《ひいき》にしていた。粉末洗剤や塩、油など毎日使うようなものは、小さくビニール袋に小分けにして売られている。貧しい人が少量ずつ買えるための配慮なのだ。

わたしも時々ここに、お菓子やソフトドリンクなど、ボランティアの人たちへの差し入れを買いに行く。まったく報酬の出ない彼らへのせめてものお礼にと買うのだが、わたしも日本ではほとんど飲まないコーラやジュースの類を、熱さも手伝って毎日のように飲んでいた。アフリカで飲むコーラはどうしてこんなに美味しいのだろうか。

ザンビアの人々は、コーラビンのキャップを歯でこじ開けることができる。栓抜きのないときに必要に迫られた結果かもしれない。

雑貨店のご主人とはいつの間にか顔なじみになり、わたしがここで何かをまとめて買うときはいつも何かおまけをしてくれるようになった。この日の活動は散会したので、この雑貨屋に立ち寄り、ンゴマさんと二人早めのお昼をハンバーガーのような、ジャンクフードで済ますことにした。

店の主人のマニラボンナさんは、アフリカ人にしては無口で、あまり会話がはずまない人だったが、それでもなぜか彼の店にいると気持ちが落ち着いた。彼のかもし出す温厚な雰囲気のせいかもしれない。目元がいつも優しそうで、少し寂しそうにも見えた。彼がブルンジからの難民移住者であることは、しばらく経ったのちに知った。

「景気はどうだい？」

ンゴマさんがそう聞くと、マニラボンナさんの表情には憂いの色が浮かんだ。シワの寄った中年男性の眉間から、何かを思いつめている様子がうかがえる。彼の懸念は店の売り上げではなく、もっと深刻なことにあるようだ。

「実は、もうすぐＩＤカード（身分証明書）の期限が切れるんだ……」

マニラボンナさんは、町内会長のンゴマさんの頼りになりそうな雰囲気を感じてか、自らの抱える問題を相談しはじめた。

彼が見せてくれたプラスチック製の電子ＩＤカードには、ザンビア政府の発行であること、彼が難民であること、ルサカでの自営業許可を持っていることなどが書いてあった。ＩＤカードの期限は、あと数週間と迫っている。

「これがないとルサカ市に居られないんだ。数年前、これを取得するために義兄《にい》さんにかなりの額のお金を支払ってもらったんだけど、今は取得にもっとお金がかかるらしくて、もう手が出ないかもしれない……」

彼の義兄は、二十年以上前にブルンジからルサカにやってきて一財を築いた人物で、ルサカではそれなりに知られたビジネスマンらしい。雑貨商だけでなく、輸入業などでも成功をおさめているのだとンゴマさんが説明してくれた。

「ザンビア人にはそんな商才はないねえ。たとえば、今日からこの店をザンビア人に任せたとしてごらんよ。きっとすぐに赤字を出して立ち行かなくなるに違いないよ」

豊富な品物が整然と陳列された店内の棚を見上げながら、ンゴマさんは感心している。

「でも、このＩＤカードが無きゃ、商売どころじゃないよ。難民だっていうだけじゃ、都市に滞在が許されないんだから、いつ警察や入管に捕まってもおかしくない。やっとザンビアで家族一緒に静かに暮らせると思ったのに、また、あっちこっち放浪しなくちゃならないのかと思うと不安で夜も眠れない……」

アフリカ大湖地域の悲劇

いつもは無口なマニラボンナさんが、このときばかりは、多弁だった。かれは、非情なまでの自らの半生をわたしたちに語ってくれた。

マニラボンナさんの一家は、一九九〇年代の後半にザンビアに移住した。祖国ブルンジからザンビアまでの彼ら家族の逃亡劇は、アフリカ大湖地域の紛争の歴史をそのまま物語っている。

十歳までブルンジで両親と暮らしていたマニラボンナさんは、一九七二年に起きた事件で祖国を追われた。ブルンジの政治権力を握っていた少数派のツチ族に対して、多数派のフツ族が反乱を起こし、一万人のツチ族が殺されたのだ。

その後、ツチ族系の政府軍が報復として十万人ものフツ族を殺す事態に発展した。多くの難民が周辺国に流れ、フツ族系である彼の家族も隣国ルワンダに逃れた。

マニラボンナさんはそこで妻をめとり、しばらくはルワンダの首都キガリの郊外で平穏に暮らしていた。

しかし、一九九四年に勃発したルワンダの大虐殺は、またもや彼らを他国へと追い立てた。その当時、フツ族過激派に殺されたツチ族、およびフツ族の穏健派は五十万人から百万人にものぼるといわれ、大量の難民が発生した。

一家は、今度はルワンダからコンゴ民主共和国へと逃げた。密林を数日間さまよい、東部キブ州の難民キャンプに必死の思いでたどりついたころには、残念なことに、両親や兄弟姉妹とは離れ離れになってしまっていた。彼らはその後も生きのびているのか、殺されたのか、いまだにマニラボンナさんにも分からない。

一九九七年、三十二年間にわたるコンゴの独裁者モブツ政権が打倒され、カビラ新政権が樹立されると、カビラ大統領から離反したグループがコンゴ東部で戦闘を起こし、ここでも内戦が勃発した。

彼らの家族はまたしても、土地を追われることになった。今度は間違いなく安全な国に逃げようと思い、ザンビアに逃亡したのだ。

マニラボンナ一家がザンビアにたどり着くまでの長い経緯には言葉を失い、わたしたちは口をつぐんだままだった。およそ争いごととは無縁のような穏やかな中年男性が、これまで死と隣り合わせの半生を送ってきたという事実に驚いていた。

店の手作りハンバーガーをほおばりながら、ンゴマさんは「俺は平和なザンビアに生まれたことを感謝しなきゃいけねえなあ」とつぶやいた。

国境近くの街でＵＮＨＣＲ（国連難民高等弁務官事務所）に保護された一家は、マニラボンナさんの持病の糖尿病治療のため、首都ルサカ市に送られた。以来、この貧困地域でつつましく暮らしてきたのである。

しかし、その後、都市滞在のルールが厳しくなり、何度も入国管理局に捕まり投獄される目に遭った。そのたびに保釈金を払って彼らを救い出してくれたのは、先にザンビアに定住していた義兄だった。

「この国では何をするにもまず金が必要だって、義兄は何度も忠告してくれたけどね。来た当初は資産なんてこれっぽっちもないからね。結局、ことあるごとに助けてもらうほかなかった。義兄がいなかったらここで生きてはこれなかったと思う。この店も義兄のもので、僕は雇ってもらっているに過ぎないんだ」

数年前に取得した、この電子IDカードにより、ルサカ市への滞在が許され、ようやく警察や入管に追われる生活から一時的には解放されたが、IDの期限はすぐそこまで迫っている。

「何度か逮捕されたことのある都市難民たちは、牢獄でひどい目にあっているから、皆このIDを取得するのにやっきになっている。でも、今は審査がものすごく厳しいうえに、お金も相当かかるんだって……」

善良な隣人の窮状に対し、どんな相談にのってあげていいのかも分からず、ンゴマさんは、まだ押し黙っている。

マニラボンナさんたちには祖国ブルンジに帰る選択肢もないという。家族が内戦でばらばらになって以来、だれも残っておらず、彼らの土地もとっくに他人に占拠されているのだそうだ。

帰り際になんの気休めにもならないと分かっていながら、わたしはお店の売り上げに貢献したくて、せっけんやら歯ブラシやら、日用品をせっせと買い込んだ。マニラボンナさんはいつものようにおまけの商品をくれた。「またいつでも来てね！」とわたしたちを見送ったときの彼の声にはすっかり覇気がなかった。

ヨーロッパによる植民地化のツケ

お店を出て、連れ立って歩きながらンゴマさんの思い出話を聞いた。

三十年以上前からムテンデレに住んでいた彼は、ここでさまざまな難民たちと接してきたのだという。

「この地域は、昔から南部アフリカの難民や亡命者の避難所みたいなものだった。南アフリカがアパルトヘイト政策をとっていた時代は、ここに亡命してくるＡＮＣ（アフリカ民族会議）のメンバーも何人かいて、なんと南アフリカ共和国第九代大統領のムベキも俺たちの隣人だったんだ。その当時は、ＡＮＣの亡命者を狙った南アフリカ政府による空爆事件なんかも何度か起きて、この辺一帯もひどい被害を受けたね。民家がいくつも破壊されて……」

十九世紀以降、ヨーロッパ諸国による植民地分割によって、アフリカでは共通のアイデンティティーを持たない人々が同じ国民としてまとめられ、その一方で言語や文化を共有する民族や部族がいくつかの国に分断されるという悲劇が起きた。それが引き金のひとつとなり、一九五〇年代以降に独立した多くのアフリカ諸国で、内戦や国家間の戦争がくり返されてきた。

ザンビアにも言葉や文化を異にする七十三もの部族が存在する。

特筆すべきは、この国ではほかのアフリカの国で見られたような部族間、民族間闘争が独立以後も一切なかったことである。周辺国が権力闘争、部族間衝突など、血で血を洗う争いに明け暮れるのを尻目に、ザンビアは平和な国であり続けた。

その、平和で政情が安定した国であったことから、ザンビアは常に周辺国からの難民の受け皿となってきたのである。この国はかねてから「難民に寛容な国」と呼ばれてきた。

ザンビア独立（一九六四年）当時のカウンダ初代大統領は、一種の汎《はん》アフリカ主義者であり、植民地主義に抵抗する他国のアフリカ人政治家や白人政権と戦う反政府勢力の指導者なども、難民や亡命者として受け入れていた。モザンビークの独立運動を先導した初代サモラ・マシェル大統領や、現在は独裁者として悪名高いジンバブエのムガベ大統領なども、一時期ザンビアに匿《かくま》われていたらしい。

ザンビアが周辺諸国や国際社会に「難民に寛容な国」と評価をされてきたのは、そのような歴史に基づく部分も大きい。

しかし、国際社会でいくら評価されても、一般市民は難民を受け入れることに何のメリットも感じなかったのだという。爆弾を投下されたムテンデレ地区の住民たちは、亡命難民を匿《かくま》うことにむしろ大きなリスクを感じていた。

「基本的に平和な国民性だから、難民排斥《はいせき》運動みたいなことにはならなかったけど、なんで自分たちの身を危険に曝《さら》してまで奴らを匿わなきゃいけないんだと、不満を持つものも大勢いたんだ」

一九九〇年代の後半には、ルワンダやコンゴ民主共和国など、アフリカ大湖地域で内戦が頻発、隣国アンゴラの内戦も再燃した。UNHCR（国連難民高等弁務官事務所）の統計によれば、一九九〇年代中頃まで十三万から十四万人の間を推移していたザンビアの受け入れた難民総数は、九〇年代後半に入り急増し、二〇〇一年には二十八万人以上とピークに達している。

難民に寛容な国といわれたザンビアで、都市難民に対する対応が厳しくなりはじめたのは、そのころだったと難民たちは記憶している。難民の都市滞在許可証である電子IDカードが導入されたのも同時期のことだった。

間の悪いことに、難民が急増した時期のザンビア経済は低迷傾向にあった。難民の増加は地域社会を圧迫し、経済的にも悪影響を与えたと信じている一般市民も多い。

「難民みんなが問題を起こしているわけじゃないし、中にはボランティアで地域に貢献してくれるような人もいる。そもそも国を追われて行くところもなく、ここに住み着いたのだから、受け入れてあげるべきだっていうのは頭では分かっている。でも、われわれ自身の生活に余裕のないこのご時勢じゃあね」

ここ数年はやっと国の経済が上向いてきたものの、庶民にとっては物価が上がるばかりで、いっこうに暮らしが良くなる実感がない。一方で、余所《よそ》からの移住者が自分たちよりうまくやっているのを目撃したとき、外国人に対する差別感情を抱くザンビア人も多い、とンゴマさんは言う。

「お前の店は儲かっているようだな。何か悪いことをしてるんじゃないのか？」

以前、マニラボンナさんのところにやってきた入国管理局の職員は、無表情でひと言そういうと、そのまま彼を逮捕、投獄した。その時、彼は電子IDカードを所持していなかった。

「どうも、近隣のだれかが、〝あいつらは不正な商売をして儲けている〟っていうデマを流してたらしいんだ……」

警察や入国管理局による不法滞在者の取り締まりは、彼らの体《てい》のいい小遣稼《こづかいかせ》ぎにもなっているようだった。

ルサカ市の中心部にカトゥンド通りという通りがある。通称「犯罪者通り」、なるほど見るからに剣呑そうなその筋がたむろしている。サングラスをかけ、首に金のチェーン・ネックレスを巻いている。地元の人によれば、彼らは、ほとんどがコンゴ人だそうで、携帯電話や宝石などを販売したり、ドルの両替などをしている。

「彼らの売っているものは盗品だったり、偽物だったりするから、気をつけなさいよ」

と地元の人は忠告してくれた。あそこで扱っているドルは大概が偽札だし、闇で人身売買も行われているという恐ろしい噂もある。彼らのせいで、ザンビア人の間では、コンゴ人イコール犯罪者といった偏見が根づいている。

ある日、カトゥンド通りの一斉取り締まりがあり、運悪くそこを通りかかったわたしの友人のザンビア人も、巻き添えで逮捕された。大勢の警官が銃を持って、「動くな」と恫喝《どうかつ》し、少しでも動いたら本当に撃たれそうな勢いだったという。

国民社会保障カードなど、ザンビア人である証明書を持たない人は、軒並み連行されていった。友人はその後に家族の迎えで無事釈放されたが、ザンビア人と証明できない者はそのまま監獄送りになった。

だが、数日後には例のコンゴ人たちもまた、カトゥンド通りに戻ってきていたことが目撃された。闇商売で大儲けしている彼らには、警察に保釈金や賄賂《わいろ》として大金を払うだけの経済力があったのだろう。警察の懐《ふところ》を肥やすためだけの無意味な検挙が、その後も時々行われている。

信頼を裏切られて

数週間後には、ムテンデレの新地域での支援活動を再開した。トイレ造成の前に、まずは住民の理解を得ることが先決だ。そのため、周辺住民の家をボランティアが一軒一軒訪ね、衛生活動の大切さを啓蒙して歩いた。

新地域は旧地域とくらべ、たしかに粗末な造りの家が多い。赤土を削って土台にし、その上に無理やり建てたバラック小屋。コンクリートブロックをいい加減に積み上げてできた家。とりあえず雨風をしのげさえすれば良いというような、間に合わせの住居群だ。

ブロックの家のほとんどには窓がなく、壁の上のほうに、腕一本も入らないほどの狭い通気孔がついているだけだ。これには、建設費をギリギリに抑えるだけでなく、セキュリティー上の目的もある。窓ガラスのようなものは、すぐに壊されて強盗に入られてしまう。

ボランティアたちがトイレ造成用に地面に掘った縦穴には、地域住民によって、たくさんのゴミが投げ入れられていた。散乱している紙パックのゴミは、「チブク」というトウモロコシで作る白濁したお酒の紙パックの空《から》だ。

チブクは安価で手に入りやすく適度に酔えるので、発酵臭の酸《す》っぱい臭いが少しきついが、庶民には大人気のお酒だ。コンパウンドには収入の大半をチブクに使ってしまうようなアル中も多い。

予想通り、その縦穴の近くには酒場があった。昼間から営業しているその酒場では、ヒップホップ系の音楽がフルボリュームの爆音で流れつづけ、酒浸りの男たちがチブクを片手に踊っている。彼らは酔っていても絶妙なリズム感を見せる。

（気楽なもんだよなあ……）

踊り狂う酔っ払いをうらめしげに眺めていると、そのなかに知った顔がいることに気づいた。ザンビア着任当初、数ヶ月ほどわたしのアシスタントをしてくれていたエドワードという男性だ。

わたしより三つほど年下の彼は、腰も低く活動的な人物で、職場での評判はとても良かった。

ルサカの大学で環境衛生を学び、JICA《ジャイカ》の別のプロジェクトで日本人とともに働いたのち、わたしのプロジェクトで働くことになったのだ。

ザンビア人らしく、気が利くといったほうではないけれども、仕事熱心な彼は、わたしの良き右腕となってくれ、特にトイレや排水溝などの造成機材の調達をするときは、機材の名前すらまったく把握していないわたしにとって、彼のサポートは必要不可欠だった。

「ちょうつがい」「ハエよけ金網」「運搬用手押し一輪車」などなど、日本でも買ったことも使ったこともない機材を、英語で説明して間違いなく購入しなければならない。わたし一人で調達に行くと、間違った購入をすることがあるので、業者と交渉するときは、いつもエドワードについて来てもらった。

そのうちに、わたしが一緒に行かずとも機材の購入は滞りなく進むようになり、調達に関しては完全に彼に任せるようになっていった。

数ヶ月経って、このような仕事の分担が定着したころ、同じプロジェクトで業務調整をしていたほかの日本人スタッフから、「エドワードが持ってくる見積もりがどうもおかしい」と指摘された。

物資購入には通常、三件以上の異なる業者からの見積もりを取らなければならない。しかし彼が持ってきたいくつかの見積もりは、業者の名前が違うにもかかわらず、筆跡が全く同じだったり、ひどいものは住所や携帯番号さえも同じだったりした。不信を抱いたわたしたちは、エドワードが機材の調達に出かけるときに、別のスタッフを偵察に送った。

その結果、彼が懇意な業者から機材を調達し、そこからキックバックを取っていることが判明した。三者見積もりのうち、二者は偽装《フェイク》で必ず残りひとつの懇意の業者が選定されるようになっていた。

あんなにも信頼していたエドワードがお金をごまかしたことに、わたしはショックを受けていたが、それを知った日本人同僚の反応は「やっぱりね」というもので、それほど同情されなかった。その上、「全部任せるほうが悪い」と釘を刺された。

信頼した者に騙されたり、誤魔化されていたということは、残念ながら、途上国ではよくあることなのだ。

長年、家のことを任せていたメイドに鍵を預けて長期の旅行で家を空けたら、家財一切合財を盗まれて姿を消したとか、信頼して車の修理まで頼んでいた運転手が、毎回の修理費やガソリン代を水増し請求していたなど、こうした例は枚挙に暇がない。

信頼して任せきっていた人間に手ひどく裏切られるというのは、アフリカで仕事をしていく上での一種の通過儀礼のようなものだった。今回は、幸い早めに不正に気づいたために、被害額は最少限に抑えられ、エドワードの給料で埋め合わせさせることができた。

その後、彼の処分をどうするかプロジェクト内でもめた。今回が初犯であること、普段の勤務態度が真面目であったことから、情状酌量の余地ありという意見も半数ほどの人に指示された。

しかし、こんなことを一度許すと、ほかの現地スタッフにも示しがつかないという懸念から、エドワードは結局、解雇に決まった。お金にまつわる不正行為には、だれもが手をつける可能性があるだけに、厳重に処置しなければ歯止めが効《き》かなくなる。

温情的な処置を期待していたエドワードは、解雇を告げられると、信じられないという顔をしていた。その後しばらくは、何度かわたしのところに個人的に陳情に来たが、決定がくつがえらないと諦《あきら》めたのか、ぱったり姿を見せなくなっていた。

エドワードの凋落

そのエドワードが、久しぶりにわたしの目の前に現れ、お酒に酔ってへべれけになっている。かなり深酒しているのか、目が真っ赤に充血している。ヨレヨレのシャツ姿の自暴自棄な様子は近寄りがたい空気を発する。

見なかったことにしようと、背を向けて立ち去ろうとしたところ、向こうの方がわたしに気がついたようで、こちらに近づいてきた。

「久しぶりだね」

彼は、どんよりした顔であいさつをくれた。半年ぶりの再会がこのような場面で、お互いに気まずい。

「久しぶり。ねえ、今、何してるの？」

そう切り替えしてみたのだが、余程だれかに聞いてもらいたかったのか、彼は堰《せき》を切ったように話し出した。

わたしたちの職場を解雇されてから、エドワードは次の職探しに奔走した。だが、彼が不正を働いたことはプロジェクト関係者のみならず、ほかの日本人関係者やルサカ市の役所の関係者にも知れわたっていて、関連の業務につきたくとも、どこでも門前払いをくらった。

以来、収入のあてもなく、妻と子どもの三人暮らしの家族を支えられるほどの蓄えもない。一家の生活は困窮した。妻は愛想を尽かし、子どもを連れて実家に帰ってしまった。

エドワードと一緒に仕事をしていたころ、わたしは彼から奥さんについての愚痴をよく聞かされていた。

アメリカ俳優のウィル・スミスにどことなく似ていなくもない彼は、わたしのところで働いていたころは、まだしゃんとしていて色気もある人だった。口ひげとあごひげを細く刈り込んで、ちょっとおしゃれな感じにしていて、それも、まだまだ遊び足りないという彼の独身生活への未練を醸し出していた。少し自信家の彼は、仕事を通じて知り合った若い看護師の女性などにも時々ちょっかいを出していた。

「独り者だったら、どんなに気が楽か」と常日頃から不満をもらしていたのは、彼の結婚がいわゆる「出来ちゃった婚」で、予定外のものだったからのようだ。

その彼がついに独り者になった途端、家族恋しさが骨身にしみるようになったというのは、なんとも身勝手に聞えるが、もはや服装にすら気を使う気力もない彼を見ていると、責める気にもならなかった。

家族に逃げられた男というのは、これほど哀れなものかと同情を禁じえない。とくに六歳になる一人息子に会えなくなったのが相当こたえているようだった。

それまで住んでいた家の家賃も払えなくなって追い出された。今はムテンデレの新地域に、友人と二人で狭い一部屋を間借りして住んでいるという。家賃は破格の安さだが、粗末な部屋での生活は自分の凋落ぶりを表しているようだと、自虐的になっていった。

不幸は、その後もさらにつづいた。仲の良かった姉が他界したのだ。姉はエイズ（後天性免疫不全症候群）に罹《かか》っていて、さらに結核も発症した。ＨＩＶ（エイズの病原ウイルス）は旦那から感染しており、その旦那は一年以上前に、すでに亡くなっていた。

「わたしは何も悪いことをしてないのよ。清くまっとうに生きてきたのに、どうしてこんな目にあわなければいけないの！」

症状が悪化し床に伏せるようになってから、かつては模範的なクリスチャンとして信仰深かった姉は、何度も狂ったように呪いのことばを吐いた。自分の知らないところで浮気をくり返したあげく、自分をＨＩＶに感染させて死んだ旦那に対して。そして、世の中に対して、また神に対しても。

そのような姉と接するには勇気を必要とした、とエドワードは言ってふいに涙ぐんだ。この国では全国民の五人に一人がＨＩＶに感染し、多くの人が家族や友人を亡くし、また自らも感染の恐怖におびえている。

姉のお見舞いに行く足が次第に遠のいていった。夫婦ともに羽振りの良かった生活は、義兄の晩年にはもう見る影もなく、その心理的な影響は親族にも及んだ。エドワードは幸せな生活から一転、暗闇に落ちて行った姉夫婦の人生を、自分の転落ぶりに重ね合わせていた。

彼の転落のきっかけが、半年前の解雇であったことを考えると、わたしにも責任の一端があるような気がしてならなかった。もう少しわたしが彼の仕事をちゃんと監督していれば、こんなことにならなかったのではと。

最近になって、彼はようやく次の仕事を見つけることができた。この近くにあるエイズ患者専門のホスピスに、患者のケアテイカー（世話人）として雇われている。しかし、仕事がきつい割には報酬がとても低く、毎月、自分一人分の食費と家賃を払って終わってしまうのだそうだ。

「申し訳ないんだけど、お願いがあるんだ」

エドワードは遠慮気味に、わたしの顔をのぞき見た。何かと思えば、当面の生活費を貸してほしいという。最近、自分の留守中に部屋に泥棒が入り、日用品をごっそり盗まれてしまったのだと弱々しく語る彼があわれで、わたしはまとまったお金を彼に渡してしまった。

死は日常的に訪れる

その後も彼は、わたしのところに何度もお金を借りにきた。彼がムテンデレでわたしを待っていることもあったし、わたしの家までやってくることもあった。

何かあったら連絡しなさいと連絡先を教えたのはわたしのほうだが、こうまで頼りにされるとだんだん重荷に感じてくる。別居中の妻から子どもの養育費を要求されているらしく、ホスピスの給料だけではとてもじゃないけど足りないと彼は嘆く。わざわざ遠方からわたしの家まで長時間かけて歩いてくる彼をむげに追い返すわけにもいかず、毎度のごとく返してくれる当てもないまま、お金を貸しつづけた。

もしかして、こうやってお金を貸しつづけていることが、さらに彼をダメにしているんじゃないだろうか。

以前に、彼を信用しすぎて失敗した時の苦々しさが思い起こされた。エドワードがお金の話を切り出すときに、とても後ろめたそうにしていたのは初めの何度目かまでで、最近はそれほどためらいを見せなくなってきたようにも感じる。時々、彼が酒臭いことも気になる。わたしは所詮いい金づると見なされているのかもしれないと思うと、彼がホスピスで働いているという話すらも疑わしくなってきた。

どうにも気になったので、ある日、エドワードが勤めているというホスピスを訪ねてみることにした。ムテンデレの新地域からは歩いて行ける場所にあった。

ホスピスの立派な鉄の門は、訪問者を寄せ付けない重々しい雰囲気で、中に入ってもいいものか一瞬ためらった。門を通り抜けると、広大な敷地に青々と芝生が繁っていて、外のコンパウンドとは別世界が広がっていた。

手入れの行き届いた花壇には明るい色の花々が咲いていて、従業員がひとつひとつ丁寧《ていねい》に水を撒《ま》いていた。敷地には奥行があり、受付のあるメインの建物の奥には、平屋の建物がいくつかあって、それぞれ男性病棟、女性病棟と分かれている。

水を撒いていた従業員にエドワードのことを尋ねると、呼んできてくれるといった。彼がここで働いているのはどうやら嘘ではなかったといささかホッとした。

エドワードは、わたしが突然訪ねてきたことに少々驚いていたものの、わたしの意図に気づくこともなく、「よく来てくれた」と嬉しそうに歓迎してくれた。

付き添っていた患者をそのままにしておけないからと、彼は男性病棟に戻っていき、わたしもそのまま彼について行った。病棟には数部屋あり、一部屋に四つほどのベッドがかなり間隔をあけて置かれていた。

どの患者もやせ細り、日和見《ひよりみ》感染（健康体であれば無害な病原体が原因で発症する感染症）を併発していて、起き上がるのも難しい。背中の広い範囲の皮膚がただれて、うつぶせに寝ている患者。褐色の皮膚がむけて赤い肉が露出している、全身に黒い斑点ができて骨と皮ばかりの患者。点滴をしている枯れ枝のような細い腕が動くことさえ不思議な感じがする患者。

病室の真っ白い壁が外から降り注ぐ日光をはね返し、ベッドの上に張られた清潔なシーツを明るく照らしている。大きな窓からは、広々とした中庭と原色の美しい花々が咲き乱れる花壇が見える。この恵まれた楽園のような環境が、職員たちの感覚をも麻痺《まひ》させているのか、目をそむけたくなるような光景に、職員たちは慌ただしさのなかにも、どこか平然と対応している。

新聞記事やルポルタージュなどでしか知らなかった末期エイズ患者の現実を、わたしはここで初めて目《ま》のあたりにした。

そもそも五人に一人がＨＩＶに感染しているこの国で、これまでまったく末期患者と接する機会がなかったことは、やはりわたしたちのここでの生活が、彼らの現実とは乖離《かいり》したものだったことを表しているのかも知れない。

人間の善性を信じる

エドワードは彼の担当する患者のベッドの脇に座った。十歳くらいの男の子で、少々知能障害があるらしい。自分で食事をすることもままならないので、ベッドの横にエドワードが付き添って、トウモロコシの粉をゆるく練った、おかゆのようなものを与えている。

ここは、末期のエイズ患者をケアするホスピスで、カトリック系の慈善団体が外国からの寄付金を受けて運営している。公共の病院とは比べものにならないほど整った設備と、行き届いた患者へのケアを維持するためには、相当なお金がかかるだろうと推察できる。

その代わりに自分たち従業員の給与が極端に安く抑えられているのだと、患者に聞えるのも構わずエドワードは不満をもらした。

彼は友人に誘われて、数ヶ月前から、このホスピスでパートタイマーとして働き出した。給料が安いわりに仕事はきつく、当初はすぐに辞めようと思っていた。しかし、ほかに仕事のあてもなく、ホスピスからは頼りにされているので、今ではフルタイムで勤務している。休みは平日の水曜日だけで、それ以外は朝から晩まで働き通しだ。

エドワードは当初は仕方なくはじめた仕事だったが、そのうちに担当患者のことが気にかかるようになっていった。亡くなる前の姉の痛々しい姿とも重なり、何もしてあげられなかった姉の代わりに、患者たちに奉仕したいと願うようになった。

抗ＨＩＶ薬（ＡＲＶ、Antiretoroviral）による治療で、奇跡的に持ち直す患者もいるが、そのまま亡くなっていく人も多い。担当患者が亡くなると、家族を亡くしたような思いにかられていたが、それにももう慣れたとエドワードはいう。

担当患者の一人の知能障害のある男の子の誕生日に、エドワードは自分でお金を出して小さなケーキを買い、二人でお祝いをしたという。いつも視点の定まらないその子の目が、そのときばかりはエドワードをじっと凝視し、何か言葉にならない声を出していた。……ありがとうと伝えているように思えた。

「ちなみに、ケーキ代は君に借りたお金なんだけどね」

面目なさげに彼は言った。

男の子は孤児なので、面倒を見る家族も、見舞いに来る人もいなかった。ここで彼が息を引き取ることになれば、その時は、せめて自分が彼のそばいてあげなければとエドワードは思っている。だから、いまはホスピスを辞めるわけには行かないという。

「この病院で息を引き取る人は、それでも幸せなほうだよね。苦痛をやわらげるためにできるだけの配慮がされてるんだから」

慈善団体の運営するこのホスピスは、入院費が安く低所得者であっても受け入れてくれる。だが、山のように押し寄せる入院希望者を全員収容することは不可能で、ベッドの空き待ちの患者のリストは何ページにもわたっている。エドワードは、そのリストの中のムテンデレ新地域に住む数名の患者の家を訪れ、週に一度様子を見に行きながら無料で治療薬を渡していた。

病院に通うことも入院することもできない、多くの患者を取り巻く状況も、彼は数多く目にしてきた。

窓がなく、昼間ですら光が差しこまない真っ暗な部屋で、長いこと洗濯もしていない不潔なマットレスの上に寝たきりの患者たち。治療も受けられず、栄養もとれずに急激にやせ衰えた患者は、もはや体を動かすこともできない。自力でトイレにも行かなくなった患者の排泄物がシーツや衣類に付着して強烈な悪臭を放つ。

ホスピスの空きベッドの順番がまわってくることもなく、亡くなっていく大多数の患者たち。彼らが亡くなっても、葬儀代や棺桶代を支払うこともままならない残された家族は、次には自分の順番がまわってくるのではと死の影におびえて暮らす。

ザンビアに赴任してから、わたしの短い滞在期間にも、実際につぎつぎと友人や知り合いが亡くなっていた。目に見えて痩せてきたと思ったら、いつの間にか姿を見なくなり、数ヶ月後に亡くなったという知らせを聞くというのが、お決まりの展開だった。

一緒に働いていたプロジェクトのスタッフのなかにも、ボランティアたちのなかにも、そのように消え去るようにいなくなっていった人が何人もいた。

さまざまな国際援助機関の支援もあり、そのころ、抗ＨＩＶ薬がルサカ市を中心に全国の公・私立の病院で入手できるようになりはじめていたが、人口の二割近くにものぼる膨大な数の患者に対処できるほどではなかった。

それにまた、エイズに対する偏見は依然として根強く、多くの患者は末期になるまで、カウンセリングにも治療にも訪れず、ＨＩＶ陽性であることが発覚しても、それを家族にさえ隠そうとする傾向にあった。

いつも街のどこかでお葬式が行われていた。葬儀場から墓地まで遺体を運ぶトラックには大勢の弔問客が同乗し、讃美歌を歌いながら移動する光景を毎日のように見かけた。その幾重にも重なる彼らの天性のハーモニーはどこか幻想的に響いて、その人の死を何とか美しく幕引きしようと努めているように思えた。

ホスピスで話し込んでいるうちに日が暮れはじめ、ベッドの上に西日のオレンジ色が広がった。もうそろそろ帰れと告げているようだった。

エドワードが門のところまで送ってくれた。別れ際に、不安げな顔でわたしの顔を覗き込み、いつものようにお願いがあるといった。

「うちの子が小学校に上がるんだ。制服やら何やら一式買わなきゃいけないんだけど……」

難民行政局へ陳情に

ある日のこと。わたしは休暇をとり、ザンビア内務省の管轄下にある難民行政局（Commissioner for Refugees）の事務所を訪ねた。

効果のほどには疑問もあったが、都市難民たちの処遇について、ザンビア政府に直接陳情に行こうと決めていた。

難民行政局の事務所は、ルサカ市の中心部にあった。さほど大きくもない建物の前には、朝早くから保護を訴える亡命者や電子ＩＤカードの申請に訪れた、さまざまな国からの難民が列をなしていた。

入り口の受付には大きな掲示板があり、今回電子ＩＤカードを取得できた人、アメリカやカナダへの再定住が決まった人々の名前が張り出されていた。その前には、目を皿のようにして自分の名前を探す人たちがいる。

アポイントを入れてなかったので、受付に用件を告げてから二時間も待たされて、ようやく上級法務アドバイザーの部屋に通され、またしばらくここで待つようにと言われた。

赤い絨毯《じゅうたん》の上にアンティーク調の十人掛けほどの大きい机が置かれ、格式高い雰囲気を醸し出している。机の端《はし》の席に座り、落ち着かない気持ちで、さらに待つこと三十分、ようやく現れた女性は、すでに大勢の人との面会をこなした後だったのか、若干疲れた面持ちだった。

細身の赤いスーツをバリバリのキャリアウーマン風に着こなした、四十代前半くらいの女性弁護士が上級法務アドバイザーだった。

彼女は、ザンビアに滞在する難民たちの処遇に対して、国内法、国際難民法、両方の視点からアドバイスを行う立場にあるのだという。二、三の言葉を交わしただけなのに気後れさせられ、少しいらだって勢い込んでいた気持ちが萎《な》えた。彼女がとても優秀で隙がなさそうな人物に思えたのにひきくらべて、Tシャツにジーンズという油断しきった出立《いでたち》でやってきたわたしが、軽く査定されてしまうように思われた。

「いくら規則上は不法滞在とはいえ、この国の都市難民に対する扱いはあまりに厳しすぎるんじゃないでしょうか」

思い切って、そう切り出すと、弁護士からは、間髪を入れずに応《こた》えが返ってきた。

「ザンビアの難民法を守らずに都市に移住する難民たちが後を絶たないのだとしたら、強制的に彼らをキャンプに連れ戻すしかないでしょう」

一九七〇年に施行されたザンビアの難民法にはこう規定されていた。

「政府の特別な許可がない限り、すべての難民は指定された場所に住まなければならない」

第十六項には、「権限を与えられた役人が『難民が難民法を犯している、もしくはその疑いがある』と判断した場合には、令状なしに難民を逮捕することができる」、そして、第十五項には「難民法の違反者は三ヶ月以内の禁固刑に処する」とも書いてあった。

女性弁護士は続けた。

「都市難民に対する取り締まりが厳しくなったのは、国民の不満という要素も大きいのです。ザンビア自体が貧困国なのに、多くの難民を受け入れています。彼らを気儘《きまま》に野放しにしていたらどうなると思いますか。人々の反難民感情が増大して、いずれゼノフォビア（外国人排斥）が起きるわ。だからこそ、彼らには決められた場所に住んでもらう必要があるのです。国際社会にも、その点をもっとよく理解してほしいと訴えています」

過去には、難民認定もそれほど厳しくない時代があり、難民の都市への滞在も自由だった。そのために、多くの「偽装難民」がザンビアに入り込んだのだと彼女は言う。「偽装難民」というのは、つまり難民の定義に当てはまらないのに、難民であるかのように装って保護や支援を求める人たちだ。

そんな偽装も含めた難民の増大を受けて、ザンビア政府は、せめてキャンプから都市に来るのを食い止めなければ、経済や治安に甚大な被害をもたらすと考えた。特例としての都市滞在許可書の電子ＩＤカードが導入されたのは、そのような事情からだ。

「もちろん、都市で保護する必要がある難民には都市滞在許可が与えられるべきだとわたしたちも考えています。たとえば、健康上の理由でキャンプ生活が耐えられないとか、持病の治療が必要とか、キャンプではほかの難民に迫害される恐れがあるとか、そういった人は保護の対象になってしかるべきでしょう。でも、虚偽の申告をしてくる人が本当に多すぎるのよ」

彼女は本当にうんざりしたような表情を見せた。

健康上の理由の場合、病院やザンビア赤十字社など第三者機関による検診が必要になる。迫害が理由の場合は、警察による検証が必要なこともある。しかし、多少の賄賂《わいろ》を使えばあっさり虚偽の診断書を書く医者がいたり、ありもしない事件報告書を作成する警察官がいることも難民行政局は熟知している。

そんな虚偽の書類を紛れ込ませないためにも、念入りな審査は絶対に必要なのだと女性弁護士は力説した。

「しかも、健康上の理由や迫害の証明以外にも、ほかの手段もありますよ。自営業許可、就労ビザ、学生ビザなどを取得すればいいのです。そうすれば、ほぼ間違いなく電子ＩＤカードを取得できます」

「でも、それには、かなりお金がかかると聞いていますが……」

ムテンデレのマニラボンナさんの電子IDカードは、自営業許可を取得したために与えられたものだったが、その取得に多額の費用がかかったのだ。

「それは入国管理局の方針だから、われわれの口出しできることじゃないわ。彼らは、国の安全を守ることに主眼があるから仕方ないのよ。あなたの国の入管だって、だれでも彼でも受け入れて、就労ビザや自営業許可を与えるわけじゃないでしょう？　日本は、難民をほとんど受け入れない国だって聞いたわ」

このひと言がカウンターパンチとなり、わたしの戦闘態勢はもろくも崩された。

日本はたしかに先進国の中でも、毎年の受け入れ難民数が極端に少ない国だ。難民の受け入れにこれほど寛容なザンビア社会のことを責められた立場ではない。

彼女の説明に対する効果的な反論も見つからず、このまま引き下がらずを得ないかと観念した。もともと周到に計画した陳情ではなかったし、相手は弁護士だ。しかし、もうひとつだけ、どうしても問い質《ただ》したいことがあった。

「犯罪者でもない都市難民が逮捕、投獄されるのはどうしてですか？」

「さきほども説明しましたけど、正当な理由もなくキャンプを抜け出す人が後を絶たないとしたら、強制的に連れ戻すしかないのです」

「でも、キャンプに直接連れ戻すのでなく、逮捕、投獄までする意味はあるんですか。そこまでする理由は何なのでしょうか？　国際難民条約に照らし合わせても、これがフェアだとは思えないのです。命の危険にさらされてまで逃げてきた人たちですよ。なんで、またそんな目にあわされないといけないんですか」

結局、この問いに対しては、彼女の説明は要領を得なかった。法律的な解釈については政府の方針にもかかわることなので、自分の立場では応えられないといいつつ、彼女は難民行政局事務所の副所長に話を通してくれた。この件はきっと彼らの痛いところを突いたに違いない。

さらに二時間ほど待たされた後に、副所長に面会が叶った。彼に同じ質問をしてみたところ、しばらく考えこんだ末に返事がかえってきた。

「その質問には自分の立場では応えにくいですね」

まさか「見せしめ」や「脅しだ」などとは説明できないのだろう。しかし、そうでなかったとしたら何なのか、なかなか明確な応えも出せないようだった。

「内務省の事務次官にまず聞いてみてください。もし彼のところで明快な回答が得られなければ、その時に私があなたの質問に応えられるよう努力してみましょう」

副所長は、そういいながら事務次官の名刺をくれた。何だか仰々《ぎょうぎょう》しい話になってしまったと思いながら、携帯電話でその番号に電話してみた。

応対に出た秘書の女性に用件を話して、事務次官にアポを取りたいと話すと、しばらく間《ま》があった。電話口の相手が訝《いぶか》しがっている様子が伝わってくる。多少気後れしながら、アポがいつごろなら取れるか問い直すと、事務次官は今週は忙しいので来週以降にまた電話してくれとの、ぞんざいな対応。後日、何度か電話したものの、事務次官にアポが取れることはついぞなかった。

庶民の息吹「ソウェト・マーケット」

その日の夕方、わたしはフランクと会う予定にしていた。彼が、ソウェト・マーケットを案内してくれることになっていたのだ。ソウェト・マーケットというのはルサカ市の中心部にあるマーケット。この街で、そしておそらくこの国で最も大きな庶民のマーケットだ。ザンビアの日本大使館から「ソウェトはスリが多くて危ないので、用もなく近づかないように」と注意されていたため、律儀に避けていた場所だった。

「ソウェトにも行ったことないなんて、君はそれでザンビアの何を知っているというんだい」とフランクが挑発するので、しゃくに障って、案内を頼み、連れて行ってもらうことになった。

夕方のソウェト・マーケットは大勢の人でごった返していた。近くに大きなバスターミナルがあり、何十台ものミニバスが大渋滞を巻き起こしていた。

マーケットといっても、ちゃんとした区画のなかにお行儀よく店が並んでいるわけではない。どこが始まりでどこが終わりなのか分からないほどに、四方八方に広がった小さな露天や行商の店開きの集まりなのだ。

ソウェトのなかでは、今までに感じたことのないような荒々しく粗野な空気を感じた。仕事を通じて見ていたのは、やはりルサカの庶民生活のほんの一面でしかないのだと実感する。目には見えにくいが、人の流れには潮流みたいなものがあって、進む波、押し寄せる波、人混みの渦に翻弄される。ぼんやりしているとどこへ流されていくか分からない。一方、フランクは慣れた足取りで、先へ先へと進んでゆくので、追いついていくのに一生懸命だった。

露店商や行商であふれ返るこのマーケットでは、野菜や穀物や豆などの食料品、古着、靴、布、文房具、食器、大工道具、鍋釜などの金物、車のパーツ、果てはハリウッド映画ＤＶＤや携帯電話など、大げさでなくなんでも揃う。ただし高級品以外は。

中には使い古しの封筒や中途半端な品ぞろえの延長コードなど、その辺で拾ったか盗んできたかしたようなものまで売られている。熟《う》れすぎてつぶれかかったトマトの山、使い古した小学校の教科書、だれも買い手の現れそうもない品々を前に、無表情なまま額《ひたい》に汗をいっぱい滲ませた人びと。

普段、注意を払ってこなかった情景のひとつひとつが新鮮で、キョロキョロ辺りを見回しながら歩いていると、濡れた地面に足をとられて転んでしまった。

足元を見ると、そこには一面、ドス黒くなった血が広がっていて、ギョッとした。フランクがニヤニヤしながら、すぐそばにある小さな小屋を指さす。そこには、山羊《やぎ》や豚を処理する屠《と》場《じょう》があり、そこから血が流れ出ているのだった。

小屋の中には処理されて皮を剥《は》がれたばかりの生々《なまなま》しい家畜がその姿のまま何体も吊《つる》されている。食肉を保存して熟成させるような設備はない。処分された家畜はすぐに切り分けられ、ブロック肉として売られる。そのせいか、ここらで食べる肉類はいつもゴムのように固くて噛み切れず、飲みこむのも難儀だ。

フランクが手を貸してくれ、起きあがったのは良いものの、サンダルの鼻緒が切れていた。さて、どうしたものかと立ちすくんでいると、近くにいたやせっぽっちの少年が素早く、わたしのところに駆け寄ってきた。

千クワチャ（当時三十円程度）払えば、鼻緒を直してやるという。言われた通りお金を支払うと、少年はどこからか拾ってきたヒモで器用にわたしのサンダルの鼻緒の切れた部分をくくり、あっという間に直してしまった。

「ソウェト・マーケットの凄いところは、こうして何でも商売しちゃうところさ」

とフランクが少し得意そうに言った。マーケットのそこかしこに自転車修理、靴修理、洗車などの看板がかかっていることに気づいた。それらは元手がゼロでも、始められる商売だ。逞《たくま》しく生きる生命力の息吹《いぶき》に感心した。

難民キャンプを抜け出してきたフランクが、ルサカでの生活をスタートさせたのも、ソウェト・マーケットだった。ルサカに無一文でやって来た彼は、バス停留所の近くに放置された廃車のバスに寝泊りし、ソウェトで売り子の荷物運びなどを手伝いながら、来る日も来る日も小銭を稼ぎつづけた。

当時も今もソウェトには、フランクと同じように他国や農村から流れてきた人たちが、その日を生きるために必死でお金を稼いでいる。

「辛《つら》かったさ。ルサカに逃げてきたときは七月の一番寒い時期で、寒さと飢えに加えて激しい痛みもあって、苦しくて惨《みじ》めでしょうがなかった」

「痛み？」

「僕、痔持ちなんだよね。でも、勘違いしないで。獄中でオカマを掘られたからじゃないよ」

彼の話はいつも冗談なんだか真面目なんだかよくわからなくなる。自らの辛い体験ですら、笑い話を交えて話すので、煙に巻かれたような気にさせられる。

フランクの逃走

彼が祖国を追われたのは一九九三年のことだった。

そのころ、コンゴ南部のカタンガ州で高校教師をしていた彼は、行きつけの飲み屋でつい、地元の政治家の政策批判をくり広げてしまった。政治家は、カタンガ州に住むマジョリティーの部族の優遇政策を推し進めようとしていた。マイノリティーであるルバ族出身のフランクには、とても賛同できないやり方だと大勢の前で演説をぶった。しかし、政治的に不安定であったこの地域で彼はその後、お尋ね者になり、警察にもマークされるようになってしまった。

「たかがそれくらいのことでと驚くなかれ。これが現実なんだよ」

と彼は肩をすくめた。

数日後、職場から戻って来ると自分の家が何者かによって完全に破壊されていた。ブルドーザーか何かを使って、何もかも押しつぶされてめちゃくちゃだったらしい。

命の危険を感じた彼は、逃亡を余儀なくされた。

フランクの生まれたカタンガ州は、資源に恵まれたコンゴ民主共和国でも有数の資源保有地域で、銅、コバルト、ウランなど鉱物資源が豊富なために、利権をめぐる国内の政治家や部族同士の闘争の絶えない地域だった。一九六〇年の独立以前も以後も、旧宗主国ベルギーのほか、多くの先進国の介入を招き、紛争を長期化させた。

フランクは、小学生のころの社会科の授業で、石油、ダイヤモンド、金、銅など天然資源の埋蔵国について学んだ。ある生徒が「資源のない国とやたらに恵まれた国があるのは不公平じゃないですか？」と質問した。

先生の答えは「神様は、資源を有効に使えない無能な連中の足元に埋蔵したんだ。それで資源のない国の連中も分け前に与《あずか》ることが出来るわけだから、不公平でもないのさ」と皮肉たっぷりのものだったと、フランクは笑いながら話した。

「資源の呪《のろ》い」という経済用語がある。天然資源に恵まれた国が、そればかりに頼りすぎて、健全な経済発展を阻害される傾向を示すものだが、すべての国がその例えどおり当てはまるわけではない。

日本とアフリカの赴任先を行き来するときに、フライトの都合でしばしば中東のアラブ首長国連邦のドバイに立ち寄る。きらびやかな空港、巨大なショッピングモール、豪奢《ごうしゃ》な建築物の数々……。随所で働く外国人出稼ぎ労働者とは一線を画した現地人の暮らしは、労働とは一切無縁のように見える。

彼らは石油の恩恵を最大限享受している。「世の中はなんて不公平なのだ」と思わせる事例だ。もし、アフリカの為政者が自国の資源を一部の人間のためだけでなく、国全体の発展のために活用できるのであれば、アラブ諸国のような豊かさを享受できるのだろうか。

アフリカの資源の呪いには、「紛争」という、さらに別の呪いの意味も含んでいる。

フランクは、住みなれた土地を離れ、東に向かって、延々と歩いて逃げた。タンガニイカ湖にたどり着くと、ちょうど、岸を離れようとする大きな船を見つけ、それにもぐり込んでひっそりと身を隠した。一人の船員が倉庫に隠れていたフランクの存在に気づいたが、事情を察して、ほかの船員や乗客から彼を匿《かくま》って、近くに人が寄り付かないようにしてくれた。

「きっとあの人はああやって、これまで何度も難民たちを匿ってきたんだろうね。〝なんにも言わなくても分かってる〟という顔をして僕のことを見てた」

数ヶ国にまたがるタンガニイカ湖は、九〇年代を通じて、ルワンダ、コンゴからの難民がタンザニア、ザンビアへと逃げる際の逃走経路になっていた。

ザンビアの国境にたどりついたフランクは、タンザニアとの国境近くにあるムプルングという街の難民キャンプに収容された。そこは見晴らしが良く、緑の多い山々に囲まれた美しい場所で、まさに富裕層が週末や余暇を過ごすにはうってつけの土地に思えた。

キャンプの難民として登録されると、テント、ポット、毛布など、わずかばかりの物資を与えられた。とりあえずの食料も配給された。そこでようやく、自分の状況が冷静に判断できるようになった。

「僕は、国を追われたのだ！」

生き延びることができたという安堵感と背中合わせにやってくる喪失感、耐えがたい寂しさとともに、この先の自分の将来に対する不安が襲ってきた。

この生活は一体、いつまで続くのだろう。カタンガ州の実家に残してきた母は、無事だろうか。僕の教師としてのキャリアは、もうこれで終わりなのかな。ここから出られても、難民の僕を雇ってくれるような学校や会社があるだろうか……。

毎日毎日、答えの出ない問いかけを、自分のなかでくり返した。キャンプでの月日の流れは途方もなくゆっくりと過ぎてゆくように感じられた。

それでも彼は、何とか毎日を意義深く過ごそうと努めた。テントの周りに野菜や木を植え、成長していくのを楽しみにしながら、採れた野菜をキャンプの住民にお裾《すそ》分けしたりして、近所づきあいにも気を配った。

キャンプでは、何も持たない人々が、お互いに助け合って生きていこうとしていた。フランクの住む場所のすぐ近くにテントを張っていたコンゴ難民の女性は、野菜のお礼にとフランクの服をいつも洗濯してくれた。山で採れたキノコを分けてくれる家族もあった。

だが、彼はだんだんとそんなキャンプの生活の日常に、意義を見い出せなくなっていった。

「難民たちが近隣の木を伐採して薪《まき》にしたり、木材にしたりして、キャンプ周辺の森が目に見えて痩《や》せていったんだ。

その一方で、僕はテントの周りで、植物育てたりしていても、自分のやってることに一体何の意味があるんだろうって分からなくなった。そしたら、もうこんな所には一日もいたくないし、いるべきじゃないっていう思いが止まらなくなった」

彼の話を聞いて、以前に聞いたある国での捕虜への拷問の話を思い出した。捕虜は地面に大きな穴を掘るよう命じられ、完成すると今度はそれを元通り埋め直すよう指示される。それを延々と毎日繰り返されるうちに、しだいに精神的に参ってしまうらしい。人間は意味を感じられない労苦には耐え難いようにできているようだ。

一生忘れない言葉

五ヶ月ほど経ったある日、キャンプ生活に終止符を打つことを決意したフランクは、食糧を輸送してきたWFP（国連世界食糧計画）の食糧輸送トラックにこっそりと忍びこんでキャンプを抜け出した。途中の地方都市でトラックから降り、また別のトラックをヒッチハイクしてザンビアの首都ルサカ市へと逃げおおせた。

「でも、ルサカにいても、見つかれば、また捕まって牢獄に入れられるかもしれないでしょ。そんな危険な目にあっても、難民キャンプに戻ろうとは思わないわけ？」

とわたしは尋ねた。

「全然。とにかく僕はあそこには住めないって分かったんだ。捕まるリスクがあっても、ルサカ市に戻ってくるほうがマシさ」

フランクも以前、ザンビアの難民行政局事務所に自ら陳情におもむいたのだという。

「僕はキャンプには住めないから、都市滞在許可をくださいってね。でも、『お前、何をワガママ言ってる』っていう顔をされただけだった」

彼の場合は、都市滞在許可を与える法的理由がまったくないとのことで、門前払いだった。

「君も僕の言ってることが、ワガママだと思うかい？」

ふいにフランクに聞かれ、わたしは即答できなかった。ザンビアの難民行政局事務所で聞いた女性弁護士の話が頭を過《よぎ》った。

「ザンビア自体が貧困国なのに、多くの難民を受け入れたら外国人排斥が起きる。だから、せめて難民には決められた場所に留まってもらいたい」

彼女の説明は理にかなっているような気がした。わたしの難民行政局事務所でのやり取りを逐一、フランクに話した。

「じゃあ、僕らには移動の自由も、職業選択の自由もないことは、仕方がないことと思ってるわけ？　生かしてもらえてるだけでもマシだと思えって言いたいの」

彼は少し興奮気味に問いただす。

「いや、そんなことを言ってるわけじゃないよ。でも、彼女らの言い分も一理あるかと思って……」

「そう。君も彼女らの説明に納得してるんだね」

「いや、そういうわけじゃないよ。逮捕したり投獄したりするのはやっぱりおかしいと思う。彼女らもその点については、ちゃんと応《こた》えてくれなかった……」

返事の歯切れが悪くなる。その後、二の句が継げぬまま、しばらく沈黙が続き、気まずい空気が流れた。

友人が難民キャンプに閉じ込められるのは、不当だという憤りを持って陳情に行ったのだが、いつの間にか難民行政局の説明に、理屈の上では納得させられてしまっていたのか。一体、何のために陳情に行ったのだろうと、信念を欠いたような自分の行動を少し情けなく思った。

「でも、わざわざ陳情に行ってくれてありがとう。国際法も解決しきれないような問題に個人でぶつかろうとしてくれたのだもの。そんな友達今までいなかったよ。毎日、何の希望も見出せないまま、味気ないトウモロコシの粉を無理やり口に入れて、生き延びようとしてきた人間の絶望的な悲しみは、きっと本人にしか分からないだろうし、それはキミのせいじゃないよ」「でも、忘れないで欲しいね。僕たちみたいな存在がこの世にいるってことを……」

わたしは、彼のこの言葉を一生忘れないようにしたいと思っている。今でも、想像も及ばないような境遇に置かれた人たちに出会ったとき、彼に言われた言葉を思い出して、自分の仕事に課された意味を考える原点のようにしている。

帰国の日が迫っていた。部屋の荷物をスーツケースに詰めていきながら、机の上にたまった書類を、保存の必要なものと破棄していいものに分ける作業に何時間もかかっていた。わたしのここでの任期はもうすぐ終了する。しかし、活動は継続していくので、必要な書類や仕事はだれかに引き継いでいかなければならない。

ムテンデレ新地域のトイレの造成は、無事に完了した。一仕事やり終えたボランティア住民の結束は、これまで以上に強まっていたが、その間にも、何人かのボランティア仲間が相次いで亡くなっていった。

町内会長のンゴマさんの発案で、お葬式費用を捻出するための「共済会」のようなものが組織された。参加メンバー一人一人から毎月少額ずつ集めて銀行に貯蓄し、そこからメンバー本人や家族が亡くなったときの葬式代、さらに不意の病気の治療費なども捻出する仕組みだ。

最初は数人ではじめたことが、次第に参加者が増え、今ではボランティア仲間のほとんどが共済会のメンバーになっていた。配偶者や子ども、親兄弟が亡くなっても、棺桶すら買えないコンパウンドの住民に一時見舞金を出すだけでも、彼ら自身と家族の尊厳をとり戻すための手助けになった。

ムテンデレのマニラボンナ一家は、ルサカに残り続けるため、電子IDカードの更新を申請した。自営業許可を取得するにはお金が足りず、「マニラボンナさんの持病の糖尿病治療のため」という理由での申請にした。彼の病気が難民キャンプでは治療できないと、国立病院やザンビア赤十字社が判断すれば、それが都市滞在理由になる。

しかし、その判断をあおぐには何度も病院や赤十字社、難民行政局の事務所に通う必要があり、お金も時間もかかるだろうと予想された。彼の雑貨屋の常連客は、今までより足しげく彼のところに通い、店を盛りたてながら、彼をサポートしている。

エドワードは、彼の担当していた男の子の最後を見取り、ホスピスでの最後の仕事をやり遂げた。身内のいない男の子の葬儀がホスピスの関係者によって取り行われたが、エドワードは参列者がめいめいに棺桶に入れる花代すら捻出できないと、わたしに援助を頼んできた。わたしはそのときに、お金は渡すけれども、彼自身が、もっと給料の良い仕事に就くために、就職活動を始めるようにと促した。

その後、彼は一念発起して頑張ったようだ。新聞の求人欄をチェックし、さまざまな政府機関や国際援助機関に出向いて情報を収集した。わたしも、彼の履歴書の作成や面接試験の練習などをたびたび手伝った。初めはなかなか手ごたえのなかった彼の就職活動だったが、時間の経過とともに徐々に結果が出はじめ、面接に呼ばれることが増えてきた。彼は思い切ってホスピスを辞め、就職活動に集中することにした。それが大きな転機を生んだ。

ホスピスを辞めてからしばらくたって、エドワードの家にホスピス時代の元同僚がやってきた。「ある人が君を探している」という伝言をたずさえて。

以前、その人の甥がホスピスに入院していて、エドワードが担当していた患者だった。その時、彼が甥に非常に良くしてくれたことをとても感謝していて、お礼がしたいとのことだった。

そして幸運なことには、この人物は、ある国際NGOのディレクター職についていた。二人が面会できたとき、エドワードが環境衛生学の資格を持っていること、また現在職探し中であることなどを聞くと、その人は「それなら、うちで働かないか」と、嘘のようにトントン拍子で話が進んだ。

その後、NGOに職を得たエドワードは、ちゃんとした額の給料をもらうようになり、長らく続いた冷や飯生活を脱出できた。

より広い家に引っ越して、妻子を呼び戻し、家族が久しぶりに一緒に暮らすようになった。

わたしは再び、彼から奥さんの愚痴を聞かされるようになったが、それでも勿論、以前よりもずっと幸せそうな愚痴だった。

仕事を終えて、引き継ぎも無事すませたわたしは、出発を前に、まだやり残したことが、あるように感じていた。フランクのことが気にかかっていたのだ。

彼は、今後もザンビアに留まる方法を模索しているらしい。彼の出身地であるコンゴのカタンガ州もだいぶ落ち着いてきたとはいえ、いまだにマイノリティーに対する迫害は続いていると彼はいう。

「ルサカで短大の音楽科に入って音楽の勉強をしたいんだ。いっぱしの音楽家になって、ザンビアのエイズ孤児やストリート・チルドレンに勇気と希望を与えるような仕事がしたい！」

以前、彼がそんなことを話していたのを思い出していた。

自分の身の心配をしなきゃいけない立場の人間が、他人に勇気と希望を与えてる場合かと、半ばあきれながら聞いていたが、どうやらまったくの冗談ではなかったらしい。

わたしがある仕事で失敗して落ち込んでいたとき、彼が自前の楽団を連れて家にやってきてくれたことがある。メインボーカルの人、パーカッション担当の人に加えて、コーラス兼ギター担当の彼自身。彼以外のメンバーは、ザンビア人の友人で、大学などで音楽をかじっており、みんなそこそこの実力を見せた。

ジャンベというアフリカの太鼓のシャープな響きに負けない見事な歌声とギターの軽妙な音色。にもかかわらず、フランクのコーラスがあまり上手くなかったことと、楽団の人たちが土足で家にどかどか上がりこんだので、後の掃除が大変だったことばかりが妙に記憶に残っている。

しかし、彼らの演奏には不思議にとても励まされたのは確かだ。聞き終わったころには、くよくよ悩んでいたことをほとんど忘れてしまうほど、調子のはずれたフランクの声には笑わせてもらった。彼の楽団はそうやって、エイズ患者のホスピスや孤児院などでも無料で演奏したりするらしい。

そんなこんなの感謝の思いも込めて、餞別《せんべつ》として彼にまとまったお金を残していこうと考えた。

直接渡すと、プライドの高い彼はきっと受け取らないだろうと思い、封筒に入れ、彼に借りたフランス語の教科書を返すときに、こっそりそこに挟んでおいた。

「これでルサカの短大の音楽科に入って、学生ビザを取ってください。無駄遣いするんじゃないぞ！」

そんなメモも同封。音楽科の入学に十分な額だったのかは定かでないが、何かの足しにはなるだろうと思っていた。

日本に帰ってから、数週間後、「その後どうなったのだろうか」と思い出していたころ、フランクから一通のメールが届いた。それによると、彼は今、隣国のモザンビークにいるという。

「怒らないでね。君からもらったお金をだいぶ使っちゃったので、今はモザンビークの工事現場で働いて稼いでるんだ。ここは、ザンビアよりは不法労働にうるさくないからね。お金を稼いだら、すぐにザンビアに戻って、ちゃんと短大に入学するつもりだから安心して」

わたしが渡したお金は、どうやら別の用途に使われたらしい……。

実際の話は、わたしが帰国した後、彼はコンゴとの国境近くの街、ンドラに向かった。コンゴ側にいる友人たちと連絡をとってンドラまで来てもらい、いくらかのお金を渡して、カタンガ州に残してきた彼の母親を国境のあたりまで連れて来てもらったらしい。お金はそのためにほとんど使ってしまったという。

祖国を追われてから実に十数年ぶりの親子の再会だった。年老いた母親は、足腰も弱っていたが、生き別れた息子に何とか今生で再会せねばならぬと、老躯に鞭打って遠い道のりをやってきた。メールには再会の様子は書かれていなかったものの、親子が抱き合う姿が目に浮かぶようだ。

「まったく、しょうがないやつめ……」

またまたあきれながらも、親子の気持ちを思うと、もらい泣きさせられてしまった。

第4章　世界で一番暑い国——ジブチ

気温四十三度、湿度八〇パーセント

いくら拭《ぬぐ》っても身体《からだ》中から汗が噴き出す。着ているTシャツも肩にかけたタオルも、雨に打たれたようにびしょびしょだ。炎天下でマラソンをしたわけではない。たかだか十分ほど、クーラーの効《き》かない事務所のキッチンで、昼食のインスタントラーメンを作っていただけなのに。体中の水分が汗になって溢れ出すような暑さだ。

日中、街を歩けば、サウナにいるようだし、少しでも風通しを良くしようと窓をあけると、部屋に注ぎ込む風はドライヤーの熱風のようである。

「世界で一番暑い」と形容される国はいくつかある。中東のイラクやアラブ首長国連邦や西アフリカのニジェールなどの名前もあがる。しかし、ここ、ジブチ共和国（以下、ジブチ）以上にこの形容がふさわしい国はないに違いない。

年間を通じて涼しい時期がほとんどなく、暑さがピークを迎える六月から九月にかけての気温や湿度は尋常でない。職場の温度・湿度計は、気温四十三度、湿度八〇パーセントなどと表示している。何かの冗談じゃないかと思う。

（これは大変なとこに、来ちゃったなあ……）

二〇〇五年の春。そのころ勤務していた日本の医療保健NGO（非政府組織）アムダの職員として、東アフリカのジブチに赴任してから数週間が経過し、わたしはこの仕事を引き受けたことを少し後悔しはじめていた。しかし、それは暑さのせいばかりではない。

アムダはUNHCR（国連難民高等弁務官事務所）のパートナーとして、一九九三年からジブチの数ヶ所に点在する難民キャンプに診療所を設け、そこに医師や看護師を駐在させて、難民に対する医療サービス事業を展開していた。

わたしの肩書き上の職務は、「ジブチ難民キャンプ医療支援プロジェクト」の駐在代表、英語ではディレクターである。ネパール人の医師を含む数名の外国人、ジブチ人の看護師や事務職員、運転手、さらに二十名近くの難民スタッフ合わせて、総勢五十名近くを抱えるプロジェクトだ。ディレクターは、そのトップということになる。

これまでの経験から、難民キャンプの仕事に対して、難民に食料や衣料品、医療サービスを無料で提供する単純で分り易い仕事というイメージを抱いていた。ザンビア赴任中に都市難民の人々と交流したこともあり、難民問題に関心が湧いていた時期だった。そのため、上司からジブチ赴任を打診されたとき、あまり深く考えずに仕事を引き受けてしまった。

だが、こんどの仕事は、予想以上に難しくて、いままでとくらべて格段に迅速な判断やタフなかけ引きなどを要するものだった。

赴任が決まって、さて、「ジブチってどこにあるんだろう」と、ふと疑問に思った。そもそも赴任国の正確な位置すら知らなかったのだ。

地図の上を虫めがねでくまなく探して、アフリカの角《つの》と呼ばれる東部地域の、その付け根に位置する、えらく小さな国を見つけることができた。

ジブチ人の美しいフランス語

ジブチの人口は約七十万人程度で、東京の世田谷区と同程度である。二〇〇九年以降、ソマリア沖で頻発する海賊対策のために日本の海上自衛隊も派遣され、その活動拠点がジブチであったことから、ジブチの名前が日本でもそこそこ知られるようになった。

しかし、わたしの赴任当時、この国が国際ニュースの話題にのぼるようなこともなかった。

ジブチ赴任を報告した友人たちの大半の反応は、

「ジブチ？　それってどこにあるの？　そもそも国なの？」

というものだった。

ジブチに行くまでには、飛行機を二度乗り継がなければならない。最短コースは、日本―バンコク―エチオピアのアジスアベバ―ジブチになる。

バンコクからアジスアベバまでの旅はなかなかのものだった。エチオピア航空の運航は、出発が三時間近くも遅れるし、隣座席のナイジェリア人男性が、わたしを日本人と知って、しつこく口説いてくるし、機内サービスでお茶を配っていたスチュワーデスはわたしのひざにお茶をこぼしたが、まるで動じることなく、わたしにおしぼりを渡したきりだった。

前席の乗客の鼾《いびき》が気になって仮眠もできずじまい。もう二度とこのコースには乗りたくないところだが、ジブチに行くのにほかの選択肢はあまりなさそうだ。

一九七七年に独立したジブチ共和国は、旧宗主国フランス、紅海をはさんで接するアラブ諸国、近隣のエチオピアやソマリアなど、さまざまな国の影響を受け、アフリカでもアラブでもない独特の雰囲気を醸《かも》し出している。

建物や街並みはどことなくアラブ調だが、繁華街の店舗やレストランは西欧風なところが多く、フランス軍やアメリカ軍の駐留兵がいっぱいいて、まるで占領地のようだ。

ソマリア人やエチオピア人をルーツとするジブチ人の男女は、目鼻立ちのはっきりした整った顔立ちをしている。女性たちは、色とりどりの美しいブーブーと呼ばれる大きめのワンピースを身にまとい、裾《すそ》を引きずるように歩く。その姿が、なんだか暑苦しさにいっそう拍車をかけていた。

かつてフランス領だったこの国の男女の話すフランス語は流れるように美しく、耳に心地よかったが、同じ彼らが話すソマリア語やアッファール語といった現地語の響きには激しさや荒々しさを感じた。

この国の人々は、普段はのんびりと過ごしているように見えても、いざとなると短気で気性が荒く、喧嘩早いと感じる。それもこれも、この暑さのせいかもしれない。

難民キャンプのドクター・ナビン

日本ではだれにも知られていないような遠い辺境のこの国に、十五年以上の歴史を持つ難民キャンプがひっそりと存在していた。

ジブチの首都ジブチ市から内陸のほうに車を走らせると、三十分も経たないうちに、首都の賑《にぎ》わいが幻だったかのように閑散《かんさん》とした光景に変わる。二時間も経つと、民家はほとんど見当たらなくなり、緑も減りはじめ、眼前に広大な砂漠が広がるようになる。砂漠といっても、サラサラの砂地ではなく、カラカラに干上《ひあ》がってひび割れた大地である。

さらに一時間ほど進むと、無機質な岩だらけの丘陵地帯がしばらく続く。時折、山羊《やぎ》やラクダの群れを引き連れた遊牧民に出くわし、こんなところにも人が住んでいるのかと驚かされる。人影のないのをいいことに、油断して車を飛ばすと、時に家畜を轢《ひ》いたりするので要注意だ。いつかはラクダに接触して、飼い主からえらい剣幕で叱られた。後足を怪我《けが》したラクダも気の毒だけれど、車体のへこんだ車の破損も痛かった。

海沿いの首都から比べると内陸のほうは湿度がぐっと下がるが、暑さには変わりはない。年間を通してほとんど雨が降らず、草木も満足に育たない。ゴツゴツした岩場には、けなげに小さな草花がしがみついているのみだ。人が生活するのにこれほど不適切な環境があるだろうか。

当時、三ヶ所あった難民キャンプは、そのような人も住まない秘境のような場所にあった。まるで辺鄙《へんぴ》な所に追いやられたように、人や動物はおろか、ついには植物の気配すらもなくなり、無機質な丘陵地帯に入り込んだら突然、目の前に大きな集落が現れる。

都市の周辺の村にあるコンクリートの家々とは違い、ここの難民キャンプでは、木の枝をかまくらのように丸く組んだ上にシートをかけたような住居が密集していた。中には四角いテントを木材で補強したような住居もある。

丸い住居はキャンプ人口の九割を占めるソマリア人難民のものであり、四角いほうは少数派のエチオピア人難民のものだった。それぞれの居住区は別れており、さらにいくつかの家々が小さなグループを作って暮らしていた。

赴任してから三日目、ジブチにある三つの難民キャンプのなかでも最も大きく、十五年以上の歴史をもつ「アリアデ」難民キャンプを訪れた。人口が二万を越すこのキャンプは、ほかのキャンプに比べて問題も多く、手のかかるところだ。ほかの二つのキャンプもこのアリアデから二時間ほどの距離なので、いずれにしても毎日ここに立ち寄ることになっていた。

わたしたちの活動場所は、キャンプの中心部にある診療所だった。数棟のトタン板造りの小屋のような質素な建物で、強風が吹けば飛んでしまいそうな小さな診療所は、針金のフェンスに囲まれている。中央の建物の木の扉を開けると、ギシギシと音がした。その奥まった所に六畳ほどの診察室があった。診察室と分娩室の部分だけは、少し頑丈そうなコンクリート造りになっている。

　診察室には体格の良い浅黒い顔をした医師が座っていて、その真向かいに、不満そうな態度のソマリア人の中年男性がいた。どうやら患者のようだ。

　その患者は、口角泡《こうかくあわ》を飛ばしながら、何かを必死で訴えている。ソマリア語も話すジブチ人の男性看護師が医師の脇に座り、そばで一生懸命ソマリア語と英語とを通訳をしている。

　以前に負った足の傷を放置していたのが、化膿《かのう》して腫《は》れあがり、歩くのも困難になったので、首都の総合病院に転送してほしいと、患者は訴えている。

「アホか！　足の傷がそんなになったのは、自業自得だ！」

　患者の訴えに、いきなり激高する医師に、わたしはかなり面食らってしまった。

　医師はネパール人で、ドクター・ナビンと名乗った。たっぷりした彼の身体《からだ》から響きわたる低音の声が、びんびんと響く。あっけに取られて立ち尽くすわたしに気に留めることもなく、ドクター・ナビンはソマリア人男性に向き直り、お説教を続けた。

「こないだ治療したときに、またすぐ診療所に来るようにと伝えたはずだ。俺の言うことも聞かないで、おまけに巻いてやった包帯まで早々に取ってしまって、そこまで放っておいたから、こんなことになるんだ！」

「そりゃ悪かったよ、ドクター。でも、足もパンパンに腫れちまって、こんな状態じゃ、歩けもしないよ。こんなにオンボロな診療所じゃ治療も難しいだろ。だから、早く俺を首都の病院に転送してくれればいいんだよ！」

「安心しろ。この診療所でだって、まだ十分治療できるさ。首都の大病院に行ってもやることは同じなんだ。観念して、ここで治療しろ」

「でも、もう歩くのだって難しいんだぜ。リハビリだって必要だろ。ここにはリハビリの専門家なんていないじゃないか」

そう言って立ちあがった男性は、わざとらしくビッコをひいて歩いて見せる。

「俺がリハビリのことも勉強してやる。なんと言おうとあんたの治療は、ここで俺がやる」

「そんなことまでしてくれなくていいよ、ドクター。なあ、俺を首都の病院に転送すれば済む話じゃないか。とっとと紹介状でも書いてくれよ」

不毛なやり取りが、通訳を介して三十分近くもえんえんと続き、しまいに患者は「このままじゃ死んでしまう」「足がなくなる」などとわめき出した。

だが、ドクター・ナビンはそれにも動じず、頑《がん》として意見を変えない。患者はついに諦《あきら》めたらしい。最後は憮然《ぶぜん》とした表情でドクターの治療を受け、去っていった。

その後男性は、自力で首都に向かったらしいと診療所のスタッフに聞いた。彼が首都に向かったのは治療のためではない。彼は元々、キャンプを抜け出して出稼ぎのために都市に滞在している。だから、住家《すみか》に帰っただけの話だと、スタッフは説明した。

だったらなぜ、「首都の病院に転送しろ」とあれほどしつこく主張したのだろうか。まったく訳が分からなかった。が、その理由はその後、次第にわたしにも明らかになっていった。

「脅すつもりはないけど、ここの難民は本当に手ごわいよ。覚悟しといてね」

その日の診察を終えて、診察室のとなりの事務室に戻ってきたドクター・ナビンは、消耗しきった顔でわたしにそう伝えた。

ドクター・ナビンは、すでに二年以上もこのキャンプに勤務しているベテラン医師だ。前には、ネパールのブータン人難民キャンプでも数年間仕事をしていたという。

このキャンプにやってきた歴代の医師たちは、ほとんどがネパールやバングラデシュなどの出身者だった。日本のNGO団体が、日本人ではなく途上国出身の医師を派遣する理由は、人件費が安いからばかりではない。施設や機材の整った病院勤務に慣れた先進国出身の医師では、このように限られた条件の環境で、聴診器と血圧計のみで診察をするのは厳しいことがあるのだ。

しかし、途上国出身の医師であっても、ここの環境に音《ね》をあげる人が多く、どの人も一年もたたずに辞めてゆく。ドクター・ナビンのように、ほかの難民キャンプでの経験がある人もいたが、二年ともつ人は稀《まれ》だった。毎日、難民患者と接する医師たちのストレスは相当なものなのだ。

そんな中で、三年近くの任期を全うしたドクター・ナビンは、心身ともにかなりタフな人物で、難民患者の甘えた要求にも毅然《きぜん》と接し、一方で彼らを冷たくあしらうようなこともせず、粘り強く説得し、治療にあたった。そのため一人の診察に、時には一時間以上かかってしまうようなこともザラだった。

一部の難民やスタッフから、彼は頑固者、石頭などと疎《うと》まれていたが、多くの人々からは、仕事に対する真摯《しんし》さ、患者への面倒見の良さをなどを認められ、慕われている様子がうかがえた。

キャンプの診療所の実質的な活動は、彼のような、常に患者に対峙する診療所の医師や看護師などの医療スタッフが担っている。

それ以外にも、保健衛生の啓蒙活動を行うスタッフや、事務方のサポートを行うスタッフなどが難民キャンプに常駐していた。スタッフのなかには、ジブチ人のスタッフもいたが、ソマリア人やエチオピア人難民の中から採用されたスタッフが主なグループだった。

ディレクターの仕事

わたし自身は、「ディレクター」という格好《かっこう》いい肩書を持つ割に、実際にやることは地味な仕事だった。

首都ジブチ市には連絡事務所があり、そこと難民キャンプを行ったり来たりしながら、主な活動予算の供与者であるＵＮＨＣＲ（国連難民高等弁務官事務所）や、運営母体であるアムダの日本の本部などと連絡し、現場の医療活動を後押ししていくことがわたしの役割であり、日々の連絡調整、調達、会計、総務などの雑事に追われ、パソコンに向かう時間も長かった。

そしてメインの役割でもあり、最も緊張を強《し》いられたのは、活動方針や予算執行、スタッフの雇用など重要事項に関する最終的決定の権限がほとんどすべて、ディレクターの仕事だということだった。これらの重要事項に関して難民やプロジェクト関係者の間でもめ事が起きると、必ず折衝の矢面に立たなければならない立場なのだ。

もめ事は、たとえば医師の治療内容にかかわること、患者への配給食料にかかわること、首都に転送される患者の交通費のことなど、さまざまだった。

そして、その根底に共通するのは、食料や金銭手当てなど、できるだけ多くのものを得ようとする難民側と、限られた予算のなかでより重要なものの優先順位を選別していかざるを得ないプロジェクト側とのかけ引きという構図だった。かけ引きに負けないためには、彼らの要求をうまくかわす一方で、下手《へた》に刺激したり、怒らせたりしないことも肝要である。

ジブチ滞在期間中、業務日誌のようなものを記録として残していたが、当時の記録をいま見返すと、かなり大変だったよなと感慨を催すような記述が見つかる。

＊○月○日、首都連絡事務所に一人の難民患者が現れ、長期入院費を削られたことに抗議。応対のジブチ人スタッフと口論になる。興奮した患者が灯油とライターを持って「焼身自

殺を図る」とスタッフを脅したため、警察に連絡。
＊○月○日、診療所スタッフの一人が、治療のための転送希望を拒否されたことに激高した難民患者に殴りかかられて負傷。
＊○月○日、先日の首都事務所前の暴動騒ぎについて、地元警察の呼び出しに応じて、終日事情聴取を受ける。

などと日常業務のところどころに、そのような出来事に関する記述があった。外部の人が日誌を見たら、一体どんなプロジェクトなのかと怪しむような日々だ。わたしだって、まさか難民支援の仕事で、難民に脅《おど》されたりするとは夢にも思わなかった。もめ事は、個々の難民とスタッフの間の小競り合いで終わるものから、キャンプ住民たちによる集団抗議に発展するものなど、その規模も大小さまざまである。難民の要求は時に妥当なものだったし、時に理不尽で図々しいものだった。

さらに状況を難しくしていたのは、難民スタッフの存在である。彼らは難民でもあり、またプロジェクト関係者でもあるため、問題の性質によって微妙な立場の使い分けをしていた。

交渉事に慣れず、折衝も上手くないわたしは、毎日が戦場のような難民キャンプで、際限なく続くもめ事を、うまくやり過ごすことができなくて、いつもくるくると空回りして、翻弄《ほんろう》されっぱなしだった。

勝手な思い込みで、「難民」といえば、援助を待ちわびる弱々しい姿を想像していたわたしには、驚くような出来事ばかりだった。

「覚悟してね」と初日にドクター・ナビンに言われた言葉を、その後何度も頭のなかで反芻《はんすう》する羽目になったのである。

ソマリア内戦と援助の財政事情

ジブチのキャンプの難民の大半の出身地であるソマリアは、北東アフリカの「アフリカの角《つの》」と呼ばれる地域に位置し、東側はインド洋、北側はアデン湾に、西側はジブチ、エチオピア、ケニアと国境を接している。

一九八〇年代後半、このソマリアの地で、北部住民の反政府闘争が勃発。その後、ソマリア全土に広がる内戦に発展した。その時期に、ソマリアから八十万人以上の難民が周辺国に流出したといわれる。ジブチの難民キャンプが形成されたのもその頃である。

ソマリア北部の反政府勢力はその後分裂し、内戦はさらに悪化した。一九九二年にはついに国連ソマリア活動多国籍軍が派遣される事態となった。

しかし、翌年、米軍のヘリコプターが撃墜され、一人の米軍兵の死体が見せしめとして、首都モガディシオの市中を車で引き回されるというショッキングな出来事が起きた。その衝撃的な映像は何度もテレビの報道番組で放映され、当時まだ学生だったわたしの記憶にも生々《なまなま》しく残っている。

米軍を中心とする多国籍軍は多くの死傷者を出したのち、一九九五年に完全撤退した。その後、ソマリアの内戦への国際社会の大きな介入はない。

二〇〇〇年には、ソマリア内の対立する勢力の代表者たちによる和平交渉が行われ、暫定政府が発足する。しかし、北部勢力は結局、これに反発。ソマリア全土を実効支配する中央政府は二〇〇二年に至っても、未だに存在せず、国内は実質的にソマリランド、プントランド、南西ソマリアと三つの勢力に分裂している。

イスラム原理主義勢力の活動が活発な南部では、内戦はさらに泥沼化の一途を辿り、もはや戦国時代の様相となった。

一方で、一九九一年にソマリアからの分離独立を宣言した北部のソマリランドは国際社会からは認められていないものの、その政情は南部より安定しているといわれている。そのため、わたしが最初に赴任した二〇〇五年の時点では、「長期化したキャンプを閉鎖したい」というUNHCR（国連難民高等弁務官事務所）本部の意向もあり、逃亡していた難民のソマリア北部への帰還が強力に推進されていた。

二〇〇五年の春から二〇〇七年の秋にかけては、ジブチのキャンプからも多くの難民がソマリアへと帰還し、二〇〇五年に合計で二万人ほどいた難民の数は二年間で一万人以下に減少して、三ヶ所あったキャンプも一番大きなアリアデ・キャンプの一ヶ所へと統合された。

しかしその後、ソマリア南部の紛争が再び激化したことから、二〇〇七年後半からは、ジブチの難民キャンプには、新たな難民が続々と押し寄せるようになった。以降、キャンプ閉鎖計画は完全に頓挫《とんざ》している。

一方、キャンプの規模が縮小するのに伴って、二〇〇五年からはUNHCR本部からの予算が大幅に削減されていった。そのため、プロジェクトでも財政難が顕著となり、プロジェクト運営において、お金の問題はもっとも頭の痛い事柄となった。

予算の縮小にともない、現場レベルでも、難民一世帯あたりの支援物資の配給量を減らしたり、より厳格にルールを適用して対象者を限定（女性や子どもなど、弱者にターゲットを絞るなど）するなど、さまざま工夫を強いられるのだが、この過程がさらに、支援側と難民の間での大きな衝突に発展することがたびたびだった。

食料配給量が減らされたり、医療サービスの手当てが減らされたりすると、キャンプでは抗議デモが起きた。キャンプ内の診療所に難民が抗議に押し寄せたりすることもあり、現場で働くわたしたちは常に戦々恐々としていた。

難民キャンプの診療所で対応しきれない疾患や症状に苦しむ患者は、キャンプの医師、もしくは看護師の紹介状を持たせ、首都ジブチ市の病院へ搬送することになっている。

その際には本人の医療費だけでなく、場合によっては交通費、本人および付添いの家族が首都に滞在するための宿泊費なども現金で手渡される。彼らにとっては、数少ない現金獲得のチャンスである。

だが、物価の高いジブチでは、これら患者の医療費、交通費、宿泊費は大きな負担になり、またプロジェクトの主な資金供与者のUNHCRにとっても、さらに実施機関のわたしたちNGOにとっても頭痛の種《たね》だった。年を追うごとに、これらの予算は徐々に削減され、「首都に搬送できるのは、月に何人まで」とUNHCRから上限が言い渡されるようになった。

そのため、患者の搬送が必要かどうかを判断する現場の医療スタッフは、毎回苦渋の決断を迫られた。どうしても搬送が必要な最低限のケース以外は、キャンプ内で治療に努めると患者を説得するのだが、患者や家族に「ちゃんと直せなかったら、どう責任をとるつもりなんだ」と半ば脅迫まがいの訴えをされる。

それらの訴えが、本当に体のことを心配してなのか、それとも交渉を有利にしたいと考えているのかはかりかねた。また、こちらも患者の症状が悪化しないことを百パーセント保証できるわけではないので、その場合には責任がもてないと医療スタッフも頭を抱える。

なるべく適切に症状を見極めようと努力するものの、限られた医療機材で正確な診断を下すことは相当難しかった。痛みを訴える患者の症状が実際にどこまで深刻なのか、判断することさえ困難だった。

患者のほうは、それを心得ていて、症状を大げさに訴えたり、痛いの、苦しいのと大騒ぎして、何とか首都に搬送されようと画策した。また、搬送になった場合には、できるだけ長く首都に滞在し、宿泊費などの手当てをなるべく多く得ようとの交渉も忘れない。

深刻な腹痛を訴えてキャンプの診療所にやってきた患者が、首都に搬送されたら、何事もなかったかのように動きまわり、「大げさに言わないと、ジブチ市には来れないだろ」などと、悪びれずに言うのだから、呆《あき》れてモノもいえない。

難民キャンプで数日働くと、初日にくり広げられたドクター・ナビンと難民患者のバトルの意味が、わたしにも分かるようになった。

あの患者の目的は、初めから首都に滞在するための交通費や滞在費を得ることにあった。首都の病院でリハビリなんて始めた日には、きっと何週間、何ヶ月もかかる。もともと首都に住居のある彼にとっては、交通費や滞在費がそのままポケットに入ることになり、願ったりかなったりだ。だからこそ、あえて治療に来るのを怠り、わざと症状を悪化させる必要もあったのだ。

目的達成のために、自分の身体《からだ》を張るその逞《たくま》しさにも、ある意味で感心せざるを得ない。

港のない漂流船

それでも、キャンプが常にピリピリしたムードにあったわけではない。もめ事のないときの難民キャンプの住民たちの日常は、のんびり、ぼんやり、気楽に暮らしているようにも見えた。

成立してから十五年以上も経過しているキャンプなので、「生きるか死ぬか」といった、切羽詰まった状況にある人は実はほとんどいない。さまざまな人道支援で取りあえず、住むところ、食料と水、医療・教育など、最低限の生活必需品や福祉サービスは確保されている。その中身や量に関しての不満は、常に耳に入ってはくるものの。

難民のスタッフも大概は、やる気がなさそうにのんびりとして見えた。

ソマリア語で「はい」と返事をするときは、「ハー」と応《こた》えるのだが、これが何ともだるそうに聞え、こちらまでやる気を失いそうになる。

診療所の難民スタッフたちと薬の在庫について、やり取りしていたときのこと。

「薬品のリストちゃんと作った？」

「ハー」

「在庫まで調べた？」

「ハー」

「使用期限ごとに並べてくれた？」

「ハー」

こんな調子でやり取りが続くので、こちらも拍子抜けしてしまう。

彼らは別にふてくされているわけでもないのだろうが、どうも、この返事には調子が狂う。

わたしがここで初めて覚えたソマリア語は、「シャカイソ（働きなさい）」という言葉だ。

ギラギラ照りつける太陽に消耗するせいか、キャンプの中を行き交う大人たちは、まるでスローモーションでもあるかのようにゆっくりと歩く。

そんな大人たちとは対照的に、子どもたちは、エネルギーをもてあましているかのように動きまわる。昼間に学校が終わると、彼らはどこまでもだだっ広い遊び場を、日が暮れるまで縦横無尽に走りまわる。このキャンプでは、彼らが唯一活力のある存在かもしれない。

大人たちときたら日中、仕事もない男たちは、木陰で輪になって集まっている。彼らは「フタ」と呼ばれる長いスカートか腰巻のような、あまり労働には適さない格好で過ごしている。日がな一日おしゃべりに興じ、「カット」と呼ばれる緑の葉っぱを口の中にいっぱいためこみ、くちゃくちゃと噛んでいる。

カットは、覚醒作用のある一種の麻薬のようなもので、ジブチやイエメンなどでは合法的に売られている。昼間にカットを噛んでいると、夜はそのまま目がさえて眠れなくなり、次の日は眠気でボンヤリするので、頭を覚醒させるためにまたカットを噛むという悪循環にはまる。

夕方になると、子どもたちは家に戻りはじめる。女性たちは周辺から細々と集めてきた小さな薪《まき》で火を熾《おこ》し、夕食の準備に取りかかる。この薪集めが重労働だ。そもそも草木の少ない土地で薪を集めるのは大変なことで、半日、一日がかりの仕事になる。

配給食料が、そのまま夕食になることが多いので、メニューはあまり多くない。豆を煮たり、米だったり、小麦粉で作ったパンケーキだったり。ＷＦＰ（国連世界食糧計画）の配給が一時、米ばかりだったころ、米を常食しないエチオピア人は食が進まず、とくに子どもの栄養失調が増加した。

肉が食べられることはめったにないが、キャンプでも稀《まれ》に結婚式のような晴れの日もあり、そんなおめでたいときには、飼っていた山羊《やぎ》をつぶして、客にご馳走《ちそう》を振る舞う。

日もとっぷりと暮れ、闇が深まって行くと、ろうそくやケロシン・ランプの明りが一つ、また一つと灯っていく。漆黒の闇に明りがゆらゆらと浮かび上がっていく光景は、とても美しかった。この頃になると、男たちも家路に着きはじめる。

電気のないキャンプでは、夕食後、特にやることもなく、しばらく家族団欒《だんらん》を楽しんだのち、早々に床につく。キャンプでは、六人も七人も子どもを抱える大家族が多く見られたが、大した娯楽もないこのような環境では、自然と子づくりに励んでしまうのかもしれない。

単調な毎日のくり返しで、一年、二年と年を追っても、生活が良くなるわけでもなく、かといって、取りたてて悪くなるわけでもない。キャンプには、特有の倦怠感《けんたいかん》が漂う。

「あの生活がどんなに苦痛か、経験した者にしか分からないのだよ」

以前、ザンビアで知り合ったコンゴ人難民のフランクがそう話していたのを思い出した。

「いつ、どこに漂着するか分からない船に乗り合わせた船客みたいなもんなんだ」と、彼は、難民の境遇をそのように例えた。

船は陸を離れてゆっくりと航海中である。その航海がいつ終わるのか。また、船がどこの港に着くのか、船客のだれも知らない。もともと行き先のはっきりしない航路だ。

船客は、窮屈な船上生活に嫌気がさし、ストレスがたまっていく。そのうえに食料も減りはじめ、船員や船長に「早くどうにかしろ」と食ってかかるものも現れる。何とかなだめようとする船員と船客の間でひんぱんにトラブルも起こりはじめる。

船上生活に耐え切れず、船から海に飛び込む者も現れるが、せいぜい船の周辺を回遊する程度で、それ以上先に行った者は、結局消息が分からない。どこかの岸に無事たどり着いたのか、それとも、力尽きてしまったのか。

難民生活は、いつ終止符が打たれるのかだれにもわからない。最終的に故郷に帰れるのか、他国に移住することになるのか。難民の間や支援者の間で、ストレスが吐き出されるかのように、時々起る、もめ事やトラブル。他国に逃げてみたものの、生活が大変で、また難民キャンプに戻ってきてしまうケース。

結局、このまま船に乗っているのが無難かもしれないと観念する。待っていれば、いつかはどこかにたどり着けるはずなのだと、自分に言い聞かせて……。されど、先の見えない恐怖心を完全に克服することはできず、また毎日をうつうつと過ごす。

キャンプでの陰うつな生活に嫌気がさし、首都ジブチ市に出稼ぎに出ている男たちも多かった。実際、キャンプには、女性と子どもばかりがやたら多いことに気づくのだ。

ジブチは、難民がキャンプから出て自由に移動することに対して、比較的寛容な国のようだ。ザンビアのように厳しく取り締られることもない。首都の街中で買い物に出たりすると、知った顔に出くわすことがある。あの人、難民キャンプで見たことなかったっけ。見覚えのある顔を見つめていると、あちらの方から悪びれずに手を振ってきたりする。

キャンプを抜け出した難民たちは都市に滞在して、路上で商売をするなど、新しい生活をはじめようとする。手っ取り早い方法として、援助物資の横流しをするようで、UNHCR（国連難民高等弁務官事務所）のロゴの入ったテントやWFP（国連世界食糧計画）と書かれた袋に入った食料などがよく市場で売られている。それを元手に路上のカット売りなどさまざまな商売に手をつける。ソマリア難民の多いケニアなどでは、ソマリア人の商い上手は定着した評価のようだ。

だが、実際に外国で商売で生活を立てられるようになる人は少数派だろう。ほとんどは、配給物資の不足分の足しになる程度の現金収入が得られる程度だ。それでも、彼らは都市に滞在するほうが心地よいようだ。

わたしがジブチに居た当時、ソマリア北部への難民帰還も一部進んでいた。だが一方で、ソマリアに帰還した難民が、再びキャンプに戻って来るという事態もたびたび確認された。

「向こうに帰ったって手に入る食料も水も、ここより少ないんだもの」

戻って来た人たちには、そんな不満をもらす人が多かった。

難民キャンプでの長年の暮らしが、彼らを徐々に依存体質にしてしまったのではないかと案じられた。

当時、帰還の受け入れ地の環境整備は、まったく進んでいないのも事実のようだった。キャンプを去った難民たちを待ち受けていたのは、長い間の苦悩や忍耐をすべて帳消しにしてくれるような明るい未来ではなかった。むしろ、彼らは更《さら》なる葛藤を強いられる生活に追いやられたのだ。内戦も未だ終わる気配がない。

支援スタッフの憂うつ

キャンプでもめ事が起きるときは、まるで住民たちの抑圧された不満や、日ごろの鬱憤《うっぷん》が一気に爆発するかのようだった。

物資を配給する日になると、キャンプの雰囲気はとたんに険悪になる。鉄格子に囲まれた食料配給倉庫の前に人だかりができ、殺気立って、「早くしろ！」「押すな！」などと怒号が飛び交う。どこで情報を仕入れるのか、普段は都市に居住している難民も、キャンプに帰ってくるので、人口が一気に増える。

配給に携わるＮＧＯや、ＵＮＨＣＲの職員は、ひと通り作業が終わるころには、いつも抜け殻のようになって放心していた。

日本の団体が善意で集めた一万枚の毛布を、キャンプで配ることになったときのことだ。

「あっちの毛布のほうが厚手じゃないか！」

「この毛布は古いから、新しいのに替えろ！」

こんな調子で、難民同士で小競り合いが起きていた。

このような日々の中、ジブチに来てから数ヶ月も経つころには、わたしの気持ちはひどくささくれ立っていた。

難民支援の仕事で、難民から感謝されるどころか、非難を浴びるなんて……。ジブチに来る前に比較的温和なザンビア人相手の仕事をしていたせいか、遊牧民ソマリア人の余所者《よそもの》に対する警戒心や、時折見せる敵愾心《てきがいしん》には戸惑った。

他方、農耕民のエチオピア人も、表面的には友好的な態度を見せながら、実は水面下では術数を巡らせていて、油断していると、いつの間にか落とし穴にはめられる。

そうかと思うと、最近、UNHCR（国連難民高等弁務官事務所）に赴任してきた、保健医療分野担当のマリ人の女性ドクターは、自分の将来のキャリアを性急に気にして、この仕事でなんとか手柄を立てて上から認められたいと躍起になっている。そのためか、現場のわたしたちに対して無茶苦茶な要求をしてくることがある。

「来週には、ナイロビ地域事務所の偉い人が視察にくるので、それまでに小児栄養プログラムの活動を、何とか軌道にのせておいてちょうだいね」

自分が一ヶ月以上も休暇を取っていたために開始の手続きが遅れて、皆がこんなに苦労しているのに、よくもまあ言えたものだ。されど、UNHCRの予算で活動している身では、あまり表立った文句もいえない。

「自分たちが現場に来てプロジェクトを回してみやがれ！」一、二ヶ月に一度しかキャンプを訪れないUNHCRジブチ事務所の彼女たちに、聞えないように悪態をつくこともあった。

人道支援にたずさわる志を抱いてここに来たはずだったのに、一体どうしてこんなことになるのか。きれいごとや理想論では済まされない局面に何度も出くわし、いまや難民キャンプの仕事に軽い嫌悪感すら持ちはじめている自分がいた。

頭をよぎる「石打の刑」

そんな矢先、診療所から少し離れた区画に住むソマリア難民のグループから、自分たちの住む区画にもう一つ診療所を作ってほしいという要求があった。

難民キャンプ自体の面積はそれほど広いわけではない。その区画から診療所までは、歩いて二十分ほどの距離だ。

「予算がないので、対応できません。歩いたって大した距離じゃないでしょう？」

その区域の長老にそう伝えた。

千人くらいの人口を抱えるその区画の長老は、いったんは引き下がったが、後日、五人ほどの男たちを引き連れ、再び診療所にやってきた。そこでも、わたしは彼らの陳情をまったく取り合わなかった。

「だって、予算がないのはどうしようもないじゃない」

だが、今度は彼らもなかなか引き下がってはくれず、だんだん押し問答になった。

「いつもいつも文句や要求をするばっかりで、あなたたち、恥ずかしくないの」

彼らの口調が攻撃的になるのにつられ、わたしもつい暴言を放ってしまった。

「しまった」と後悔したところで、後の祭。

わたしの感情的な言葉で怒りに火がついた彼らは、何やらソマリア語で怒鳴りだし、つぎつぎと地面の石を手にしだした。わたしに投石しようとしているのだ。

「殺されるかもしれない」

咄嗟《とっさ》に、以前テレビのドキュメンタリー番組で見たイスラムの「石打《いしうち》の刑」の再現シーンの凄惨な場面が頭をよぎる。生まれて初めて、命の危険を感じた瞬間だったが、その時、長老がメンバーを制止したので事なきを得た。

わたしでは埒《らち》があかないと思ったのか、長老はほかの診療所スタッフと別個に話し合いを持ちはじめた。

この様子に、ドクター・ナビンが、途中から交渉に加わる。長老は、なぜ自分たちの集落に診療所が必要なのかをドクターにとくとくと説明した。

「わしらの区画には、肢体不自由者や介護の必要なお年寄りなど、診療所に通うのが難しいメンバーが何人もいる。抱えて連れて来ようにも数人がかりの介助が必要だ。男手が多い時はいいが、そうでない時に女たちに介助をさせるのは無理がある。そのために、是非とも区画に診療所を建ててもらいたいんだ」

恐怖と興奮で、まともに応対できないわたしをおいて、ドクターが対応してくれた。

その区画の介助が必要な患者たちを訪ねて、状況を判断してから決断を下すということで、話は落ち着き、その後、患者たちの家に定期的に医療スタッフを派遣する処置が、ドクター・ナビンによって実施され、事態はまるく収まっていった。

「彼らの言うことを頭から理不尽だと決めつけてはいけないよ」

事態が落ち着いてから、ドクターはわたしにそう諭《さと》した。

「たしかに、ここで働いていると、いつのまにか、難民をやっかいな集団としてしか見られなくなる。彼らのやむことのない要求や不満にうんざりもする。でも、その中には、応えてあげなきゃいけない、まっとうなものだっていくつもあるのだ。偏見で曇った目には、彼らの生きようとする一生懸命な訴えも見えにくいかもしれない。でも、それを汲みとっていく努力を放棄してしまえば、だれがプロジェクトの運営をしたって同じなのさ」

彼の助言は棘《とげ》のようにわたしの心に深く刺さり、いつまでも抜けなかった。

ドクターも常々、難民に対しては厳しく接しているのを目にしていた。だが、一方で彼は、彼ら難民を、一人の人間として尊重することを決して忘れていなかったのだ。

そのために、ドクターと難民の間で大きなもめ事が生じても、たいがいは両者が歩みよる形で解決していた。

不慣れな仕事に消耗していつの間にか、わたしは彼らが自分と同じ一人の人間であるという当たり前の事実を忘れていた。そのどこかに侮蔑的な気持ちを、彼らが嗅ぎとってしまうので、彼らとの間のもめ事は、いつも不信を増長させる結果に終わっていたのかもしれない。

全くちがう環境に生きてきた一人の人間の苦しみを想像することは、容易なことではない。毎日大勢の難民や患者への対応に消耗して、ついつい患者に対して機械的な対応をしてしまうことがあった。そんな時、ドクター・ナビンはいつもわたしに釘をさしてくれる存在だった。

母は必死で健気で強く

診療所に毎週のようにやってくるアイシャというソマリア人女性がいた。まだ年若い彼女が抱えた小さな子は、いつも手足をだらんと伸ばし、呆《ほう》けた顔を母親の肩にのせていた。彼女の二歳になろうとする娘は生まれつき脳に障害があり、今でも首がすわらない。

発育不全で、いつまで生きられるか分からないというのがドクターの診断だった。その娘の病気は首都の大病院でも治せないことが分かっていた。残念ながら、現在の医療では直す手段がなかった。

「また、アイシャが来てる……」

診療所の看護師たちは、アイシャが訪れるたびに、うんざりとした表情を隠しきれずに、彼女を早めに追い返そうとした。そして、毎度毎度、娘の病気について、再三同じ説明を彼女に

くり返す羽目になった。彼女はスタッフから何度同じ説明を受けても、

「何とか子どもを治す術はないか」

「とにかくドクターに会わせてほしい」

と懇願する。スタッフたちは、なぜこうも物わかりが悪いのかと呆《あき》れるばかりだった。

「女性にも教育が大事だって痛感するよ」

スタッフたちは哀れみと諦《あきら》めを込めて、こう評した。

事実、アイシャは小学校も出ていないし、読み書きもできない。

二十歳以上の女性で読み書きのできるのは、キャンプ全体の三〇パーセントくらいである。途上国の識字率や就学率など女性の教育指標の悪さと、乳児死亡率や妊産婦死亡率などの保健指標の悪さは密接に関連している。

教育を受けていない女性ほど、妊産婦健診や子どもの予防接種などの重要性を理解せず、予防を怠り、病気にかかって治療を受けても、医師の指示をよく聞かないことが多い。だから、しつこいほどに、何度も何度も説明をくり返す必要があるのだが、アイシャの場合は何十回説明しても、一向に理解が進む気配がないと、スタッフたちは嘆く。

彼らは、「アイシャもしっかりした教育さえ受けていれば、わたしたちの言うことが理解できただろう」という。わたしも、彼女を悲しいほどに理解力のない人なのだと決めつけていた。

毎週のようにやって来てはドクターに面会できるまで、何時間もあきらめず待ち続ける彼女

は、診療所の外にある長椅子に腰をかけ、いつも放心したように遠くを見つめていた。

「本当のところは、彼女自身も自分の子どもはもう治らないって分かっていると思うよ」

ドクターはそう言う。

治る術《すべ》はない。何度そう説明されても、ひょっとしたら今日は何か変化があるかもしれないと、一縷《いちる》の望みを捨てずにいる。母は、こうも必死で、健気《けなげ》で、強いのだ。それがドクターの見解だった。

アイシャを愚かな女だとあわれんでいただけの自分の狭量さを恥ずかしく思った。

一人一人に向き合う

難民ともめ事が起きるたびに、憤懣を抑えきれずに挫折をくり返すわたしでも、時間が経つにつれ、徐々に心が鍛えられる思いがするようになる。こんなところに来るのじゃなかったなんて、彼らに失礼だ。わたしは、自分で決心してこの場所に来たのに。彼らは、ここに来たくて来たわけじゃないのだから。

ドクター・ナビンと一緒に仕事をするうちに、彼の深い観察力や人間性に影響されたのかもしれない。難民の家族がお互いを思いやる気持ちだったり、母たちの健気さだったり、運命に翻弄《ほんろう》されながら何とか自分を見失わずにいる逞しさだったり。

患者一人ひとりの行く末も気になったし、知り合った人たちの姿が見えないと心配にもなった。

　ある日、大量出血した妊婦がキャンプの診療所に運ばれてきた。予定日より早く産気づき、自宅で分娩しようと頑張ったらしい。

　救急車で一時間ほどの、アリサビエという街の病院に搬送され一命をとりとめたものの、残念ながら、子どもは死産だった。

　翌日、母親の安否が心配で彼女を見舞った。キャンプからアリサビエまでの道のりは一時間程度だったが、アップダウンの激しい石ころの多い悪路で、彼女がここを搬送されたのかと思うとため息がでた。狭苦しい病棟に十床《しょう》ほどのベッドが並び、一番奥に彼女は横たわっていた。か細い腕が点滴につながれて痛々しい。

「とりあえず回復傾向にありますが、あまり無理させないようにしてください」

　アリサビエ病院のジブチ人医師にそういわれ、ベッドに横たわる彼女に声をかけられないまま、枕元で彼女の寝顔を見ていた。

　ベッドの脇にかかっていた彼女の名札には、「アミーナ、年齢三十五歳」と書いてある。わたしとそれほど変わらない年齢だと知ってショックだった。目の前のやつれた女性の顔には細かいしわが数多く刻まれ、年よりもずっと老《ふ》けて見える。それでも鼻筋の通った顔立ちの彼女が目を閉じて眠っている姿に、はかなげな美しさも感じた。

　わたしの隣に彼女の母親、つまり生まれてくるはずだった子どもの祖母が、長椅子に座って小さなビニール袋を抱えていた。

わたしがその袋に目をやると、祖母は中味を見せてくれた。ビニール袋の中から出てきたのは、ボロ布にくるまれた新生児の遺体だった。キャンプに持ち帰って家の近くに埋葬するのだと、実に淡々とした口調で祖母は応えた。

しばらくして、伏《ふ》せっていたアミーナがヨロヨロと上半身を起こした。彼女は、祖母の抱えているビニール袋を受け取って新生児の遺体を手に取ったが、遺体を見て、泣くでもなく、わめくでもなく、眉ひとつ動かさずに、それをまた布にくるみ袋にしまった。それからまた横になり、今度はぴくりとも動かなかった。

数日後、キャンプに戻った彼女がどうしているのか気になり、様子を見に行った。「しばらく安静にしていなさい」という医師の指示も聞かず、彼女は家の外で薪《まき》を割ったり、火を熾《おこ》して食事を作ったり、せわしなく動きまわっていた。背中にはまだ幼い子どもを布でおんぶして、片方の手に四、五歳くらいの子どもの手をひいている。

「うちにはね、ほかに七人も子どもがいるのよ。下の子たちはまだまだ小さいし、私が休んでいるわけにいかないでしょう」

そう言って、彼女は笑顔を見せ、欠けた前歯を思いっきりさらした。わたしは、この母の逞しさにはただ感嘆するしかなかった。

まだある割礼の習慣

ソマリア人女性は、女性というだけで子どものころから大きなハンディを背負わされる。アフリカの一部の国々では、いまだに割礼《かつれい》の習慣が根強く残っている。なかでもソマリアやジブチでは、女性の体に最も負担のかかる方法で、十歳に満たない少女たちに割礼を行う習慣がある。それはもはや、割礼というより「女性器切除」「女性器封鎖」という呼び名のほうがふさわしい。

新しく難民キャンプに赴任してきたネパール人の若手医師が、ある日、顔面蒼白《そうはく》で分娩室から出てきた。

「こんなのは初めてだ。ツルツルで何もないんだよ……」

妊婦の陰部の毛が剃られているのかと問いただしたら、ドクターはもどかしそうに「あそこの穴がないんだよ」とわたしに言った。

この地域の割礼は、クリトリスや小陰唇を切り取り、大陰唇に切り込みを入れて、針と糸で縫い合わせて閉じてしまう。

少女たちにとって、激しい痛みを伴う恐ろしい体験であるに違いない。傷口が塞《ふさ》がるころには膣の入り口にはごく小さな穴しかなくなる。処置が悪いと、排尿や生理にもひどい苦痛を味わうらしい。

初めての性交や出産に当たっては、封鎖された部分を切開しなければならず、さらなる恐怖に遭遇するのだという。医者にかかる余裕のある者は麻酔を用いるものの、それでも痛みを伴い、出産のリスクは大きい。分娩室から聞こえる唸《うな》り声や、叫ぶような悲鳴は、なにかおぞましい感じをぬぐえない。

新入りのドクターは、いかにも「良いところのボンボン」という感じだった。将来はアメリカに留学することを目指しており、本国のネパールで働くより実入りのいい難民キャンプの仕事に応募したのだという。しかし、数週間で難民とのやり取りに疲れ切って、めっきり元気がなくなっていった。そして一年間の任期を待たず、半年ばかりで早々に帰国してしまった。

HIV陽性の子と養父母

週に一、二回、定期的に両親に連れられ、診療所にやって来るエチオピア人の男の子のことも気がかりになっていた。ムスタファは五歳くらいの、目のぱっちりした人懐《ひとなつ》っこい子だった。エチオピア人としては目立つほどに肌の色が白い子どもだったが、その両親が逆に色黒なのが不思議に思われた。

両親がドクターからムスタファの病状の説明を受けるときは、なぜかいつも診察室の扉が閉められ、わたしもほかの医療スタッフも、ムスタファ自身も中に入れてもらえなかった。

ムスタファは診察室の外で一人待つのが退屈なのか、遊んでくれとわたしやスタッフのところにぴったり寄り添って甘えてくる。仕方なく事務室にあるペンと紙で、動物や車の絵を描いたりして遊んでやると、彼の欲求はますます増長して、なかなか解放してもらえなかった。

ある日のこと、ドクター・ナビンは、「守秘義務があることだ」と前置きしたうえで、ムスタファの病状について説明してくれた。

「あの子は、HIV陽性だということが分かっている。まだ発症はしてないけど。実の両親がエイズで死んだので、養父母からあの子の血液検査を頼まれてね。それでこないだ首都の病院まで検査にやったんだ」

ドクターの説明に大きなショックを受けた。

ムスタファの両親は、昨年までに相次いで亡くなっていた。現在、彼を育てているのは、近隣に住んでいた難民家族で、彼とは血縁関係はない。ムスタファを育てる義務があるわけでもないが、身寄りのない幼子が不憫《ふびん》で預かることにした。道理で顔が似ていないわけだと合点がいった。

養父母はたびたびムスタファと一緒に診療所にやって来たが、それは「ジブチ市で定期的に治療を受けさせてほしい」という交渉をしに来ているのだった。

もしかして、この人たちは病気の子を出汁《だし》に、交通費と宿泊費でお金を稼ごうっていうんじゃないだろうな……。身寄りのない子を預かることにした彼ら養父母の善意を反射的に疑ってしまうのが悲しい。

ムスタファは養父母やその一家の兄弟たちにとてもなついていた。養父母と診療所に来るときはいつも手をつなぎ、本当の親子のように見えた。

愛情がなくては、血のつながらないＨＩＶ陽性の子を育てられるものだろうか。お金のためだけに育てているのだったら、いくら五歳や六歳の子どもでも、それを感じとるに違いない。

時々、キャンプの住民たちの言動が信じられず、何か裏があるのでは、と疑ってかかるのは、彼らの言うことを鵜呑《うのみ》にして騙された経験が何度もあったからだ。けれど、人々の善意を信じられず切り捨ててしまうほうが、よほど怖いことのような気もして、今回は騙されるのも覚悟で彼らのことを信じようと思った。

当時、ジブチでは、公的病院でＨＩＶ陽性患者を無料で治療する制度がようやく確立したばかりだった。エイズ発症を抑えるには、患者はＡＲＶと呼ばれる何種類かの抗ＨＩＶ薬を毎日飲み続ける必要があり、同時に十分な栄養も取らなければならない。

治療は一生続けなければならないのだ。途中でやめると薬への耐性がついてしまい、その薬が以後は効かなくなってしまう恐れがある。

ムスタファの治療には、多くのハードルが立ちはだかっていた。

それでも治療を望む

ムスタファを定期的に病院に通わせるためには、養父母が治療に対する理解を十分に深めたうえでの協力が不可欠だし、治療を一生続けるには難民キャンプ後の生活のことも考えなければならなかった。

ドクターから養父母に、何度も説明がくり返された。養父母は、その度に「覚悟はしている。それでも治療を望む」と答えた。

ジブチにいるエチオピア人難民は、ソマリア人難民のように紛争が理由で祖国から逃げてきた人たちではなく、ほぼ全員が政治的な理由による国外への逃亡だった。

前政権の時代に役人や軍人だった人々が、前政権に敵対する現政権の下では政治犯として扱われて、国を追われたのだ。そのため、エチオピア人難民は、今のところ祖国に帰る方途がなく、ほとんどの人がジブチへの帰化か、先進国への移住を希望していた。

将来、このキャンプが閉じられることになっても、彼らのジブチへの帰化や先進国への移住という希望が叶わず、近隣の国の難民キャンプに移送されるようなことになったら、ムスタファの治療は続けられるのか。

しかも、子どもへの投薬はなかなか面倒だった。当時のジブチの病院には、子ども用のシロップ状ARVの在庫が少なく、大人用の錠剤をくだいて適量を液体に混ぜるなどしなければならなかった。

ドクターとわたしは、頭が白くなりそうなほど悩んだ。エイズ患者を首都に治療にやるのは初めてのことだったのだ。下手《へた》に治療を開始して中断するようなことになると、先々薬への耐性がついてしまい、発症したときに対処できなくなるかもしれない。だが、このまま放っておけば、遅かれ早かれ彼がエイズを発症してしまう懸念も大きい。それを思うと今、出来ることをするべきではないのかとも思った。

数日悩んだ末、結局、ムスタファと養父母を彼の治療のために週に一度、首都ジブチ市の病院に通うことを許可することにした。

ジブチ市の受け入れ病院とも交渉し、わたしたちの医療スタッフと連携を取るように話をつけた。彼らは週に一度その病院に通い、一週間分の治療薬をもらい受けるようになる。ムスタファが毎日決められた量の薬を服用するよう、養父母が責任を持って監督することを約束した。また栄養失調の子どもたちのために診療所で週に二度ほど配給される大豆や砂糖や油など、高カロリーの食料が、ムスタファにも与えられるように手配した。

本当にこれで大丈夫なのだろうか。わたしたちの決断は正しかったのだろうか。

その後も、食料を受け取りに診療所に現れるムスタファと養父母を見かけるたびに、自問をくり返した。彼らが首都の病院に定期的に通っているかどうか、病院側にもわたしたちに連絡をくれるように頼んでいた。

幸いなことに、何ヶ月たっても彼らの病院通いは続いている。

ムスタファは私たちの心配をよそに、相変わらず診療所を遊び場と勘違いしているかのように、無邪気にはしゃいでいた。

子どもたちの世界

厳しい現実の中にあって、子どもたちはわたしたちを癒《いや》してくれる存在だった。

ジブチの難民キャンプでは、八学年まである学校が現地のＮＧＯによって運営されている。プレハブの粗末な造りの校舎の壁や屋根はところどころ傷んでいる。木の机や長椅子が雑然と並べられている。年季の入った机には、卒業生たちの落書きがあちこち刻まれている。イラスト入りで「○○は××が好き」などと書かれて、どこの国の小学生も同じようなことをするんだなと思った。黒板にはチョークの白い粉がびっしりとこびりついてしまい、ほとんど白板と化している。

子どもたちは、無料で支給される教科書やノートが詰まった布の鞄《かばん》を大事に抱えながら、朝の七時半には一斉に学校に集まってくる。

早朝から元気に響き渡る子どもたちの声を聞くと、ここが難民キャンプであることを一瞬忘れる。

授業が終わると、彼らは日が暮れるまで遊ぶことに余念がない。男の子たちは強烈に照りつける太陽をものともせず、むしろエネルギーを吸収して力を蓄えるかのように、まったく疲れを見せないまま縦横無尽にキャンプのなかを走りまわる。小石のゴロゴロ転がる地面を踏みつけ、裸足《はだし》で駆けずりまわる子どもの足の裏はどれだけ丈夫なのだろう。

彼らは遊びの天才だった。テレビゲームも電気さえもないところで、自分たちでさまざまな遊びを考え出していた。

集めてきた空き缶を並べてボーリングをしたり、ビニール袋を何重にも重ねて丸めたボールでサッカーをしたり、地面に絵を描いて石蹴り遊びをするなど、彼らの遊びは多岐にわたる。

ハンカチ落としのような大勢で輪になって遊ぶゲームもあった。日本でも一昔前はこんな風に子どもたちが大勢で外を走りまわる光景が見られたのにと、ふと郷愁の思いにひたる。

あどけない表情の彼らは、ただ外国人がそこにいるというだけでやたらに興奮するらしく、覚えたばかりのカタコト英語でしきりに話しかけてくる。時には無理やり、彼らの鬼ごっこなどに付き合わされたりもした。

「ねえ、またわたしたちの所に遊びにきてくれる?」

診療所の近くに住んでいた一人の女の子がわたしにそう聞いた。

「うん。また来るよ」

「そんなこと言って、どうせあなたも一、二年で帰っちゃうんでしょう? わたしたちのこともきっと忘れちゃうよ。外国人はみんなわたしのことは他人事《ひとごと》だもんね」

子どもながらも妙に世の中を諦観《ていかん》したようなことを言う。

ソマリア人の子どもたちは、卵型の小さな顔の骨格に収まりきらないのか、歯が生えかわるころには、たいがいみな歯並びが悪くなっている。その歯並びの悪い口元を思いっきりさらして笑うので彼らの笑顔はとても明るくコミカルで、大人たちに比べてまるで悲壮感を感じさせない。祖国の内戦など、悲惨な宿命を背負っているようにはまったく見えない。彼らはキャンプで生まれ育った子どもたちであり、戦争を実際に体験したわけではないからなのだろうか。

彼らの世界は、いつも家族と学校と友人で満たされているようにも見えた。しかし、時には大人に殴られたのか、顔にアザをつくった子どもがいたりする。大人たちのストレスのとばっちりを受けている様子もうかがえる。

仕事に飢えている難民

ある日、学校を訪れた国連の視察者が、子どもたちに「将来何になりたいか」と聞いていた。いつキャンプを出られるかも分からない子どもたちに、そんな質問を投げかける神経もすごいと思ったが、わたしの懸念をよそに、子どもたちは口々に「学校の先生」、「お医者さん」、「看護師」などと応える。彼らの知っている限りの職業なのだろう。

彼らの環境は、努力すれば望んだ職業につける環境ではない。キャンプには、学校を卒業してもヒマをもてあました若者たちが大勢いて、皆仕事に飢えている。大人になるにつれて、この子どもたちもこのような現実に打ちのめされるようになるのだろうか。

学校の所々に、〝We Need Durable Solutions〟（私たちは恒久的解決を望む）と大人たちが書いた立て看板がかかっていた。外部の視察者へのアピールなのだろう。

「恒久的解決」とは、「祖国への帰還」「難民の受入国への定住」もしくは「第三国への再定住」

を指す。

たしかに難民たちの行く末は、この三つによってしか解決しない。一生難民キャンプで過ごす生活をだれも望んではいない。けれども、子どもたちが自分たちの行く末を気にしはじめるのは、おそらくもう少し大きくなってからだ。

診療所には、「仕事はないか」とやって来る若者たちが後を絶たなかった。皆、キャンプの学校を卒業した青年だ。

新規のスタッフを募集すると、一つの求人に対し、五十人、六十人と応募があった。採用する側としてはうれしい気持ちよりも、むしろ気が重くなる。何十人も審査しなければいけない面倒さにではなく、期待して結果を待っている若者たちに不採用通告をしなければならない、あの瞬間のバツの悪さにである。

彼らにとっては、このキャンプの中での有給の仕事といえば、診療所のスタッフか、学校の教師の口くらいしかない。教師の数は、それほど増減しないので、新規の採用はほとんどない。わたしたちのプロジェクトの拡張などのときに募集をかける、診療所スタッフの求人のみが頼みの綱だ。

どの人も数少ない雇用のチャンスに一縷《いちる》の望みをたくし、手書きの履歴書をこぞって持ちこんでくる。または一体どこでタイプしてもらったのか、印字した履歴書を持ってくる人もいる。履歴書といっても、学歴はみんな難民キャンプの小・中学校どまりなので、中味はどれも似たりよったりなのだ。

そのため、新しいスタッフを選抜する際には、応募者に簡単な試験を受けてもらい、面接を行うことにしていた。試験や面接には、だれもが必死の面持ちでのぞんでくる。面接で、聞かれた質問に適切に応えられず、泣き出してしまう女の子もいた。これで人生が大きく左右されたかのように感じてしまったのだろう。

すでに日本のバブル経済がはじけて、就職氷河期に突入していたわたしの学生時代を思い出す。しかし、ここでは敗者復活の機会が極端に少ないことを考えると、彼らの抱く将来への不安は日本の大学生の比ではない。

まさに、人生すべてがかかっているような切迫感を応募者からひしひし感じる。全員採用してあげたくもなるが、そうもいかないのが苦しい。

最終面接の結果は、診療所の横の掲示板に張り出す。「今度こそは」と思って応募してきた若者たちがその結果を見て、落胆する姿を目にするときの気まずさといったらない。

希望の灯《とも》し火

当時、診療所には、無給のボランティア・スタッフとして働く若者が四名ほどいた。皆、若くて初々《ういうい》しい。ボランティアとして勤務していれば、いつか雇用のチャンスがあるはずと期待している様子がありあり伝わってきた。その子たちも、やっと訪れた有給の雇用機会にここぞとばかりに応募してくる。

しかし、ボランティア経験を考慮して、試験や面接の結果に多少の下駄をはかせてあげることはできても結局、採用に至らないこともある。

何年もボランティアから抜け出せないことに苛立《いらだ》ち、失望し、ついには一人、また一人と姿を見せなくなっていくと、こちらも心穏やかでなくなる。こんなことで世の中に絶望して、無気力な若者になってしまわないだろうか心配だ……。

診療所に、アレムという二十代半ばのエチオピア人の若者が、ボランティアとして働いていた。小柄で丸顔でメガネをかけた彼は、どこか小動物のような愛らしさがあった。

「五年もボランティアを続けていて、勤勉で実直に働いてきた若者なので、何か雇用の機会があれば考慮してあげてほしい」

前任のディレクターからは、そう申し渡しを受けていたのだが、残念ながら彼に見合う仕事が、その後も見つからず、雇用の機会を与えられぬまま、一年ほどが経過してしまった。その間も黙々と働く彼を気にしながら見守っていた。

ジブチの難民キャンプは小規模だが、多言語なコミュニティーで、ソマリア語、エチオピア語に加え、英語、フランス語も使われる。

診療所に来る患者は、ソマリア語、もしくはエチオピア語しか話せない人が多く、一方で、外国人ドクターは英語しか話せず、ジブチ人看護師にはフランス語は話せても英語が分からない人もいた。

その中にあって、アレムは四ヶ国語すべてを理解する貴重な人材だった。そのため、アレムは通訳として診療所のドクターやジブチ人看護師たちにとても重宝され、あちこちの部屋でお呼びがかかるたびに小柄な身体《からだ》をフル回転させて機敏に動きまわっていた。

エチオピア人はもともと勤勉で、アフリカで唯一独自の文字を持つ国民としての誇りを持っている。キャンプの中ではエチオピア人の居住する区画、ソマリア人居住区画と分かれていたが、彼らの特性の違いは、それぞれに独自なユニークな空間をつくり出していた。

エチオピア人の住む地域に一歩足を踏み入れると、ソマリア人の地域よりも住居が整然と並んでいて、ゴミもあまり落ちていない。家庭菜園に精を出し、たまねぎなどを育てている家も多い。まったく農業には向いていない乾燥した土地で、何とかして作物をつくる根性には感心する。

アレムのコツコツ地道に努力する性格には、エチオピア人の特性が現れている。エチオピア人の大人たちは、自分たちの区画内にエチオピア人の子ども専用の学校を自前で造り、そこでエチオピアの言語、アムハラ語の読み書きを教えていた。古代記号のような不思議な感じのする文字だ。アレム自身もその学校に通い、アムハラ文字が書けるようになった。

一方のソマリア人の地域では、作物を育てるような家は見当たらないものの、地べたに店を広げて、色々な野菜を販売する人がいる。近くの街で仕入れてくるらしい。根っから商売人の彼らの逞しさにも感心する。

キャンプの学校を卒業した子どもたちは、多少の英語を理解するが、それだけでは不十分でその後は独学で語学力を向上させなければならない。

キャンプの住民たちにとっては、鉛筆一本、紙一枚ですら貴重だ。事務所で使った紙をキャンプで廃棄すると、あっという間にだれかが持ちかえり、再利用されている。

キャンプで小麦粉の揚げパンを作って売るソマリア人のおばちゃんが、揚げパンを包んでくれる紙は、わたしたちの事務所で廃棄した書類だった。

そんな環境で勉強を続けることは、われわれが想像する苦労の域をはるかに越えている。アレムが学校の教師からゆずられ、独学に励んだ英語やフランス語の参考書は、読みつくされ使いつくされて、ボロボロだった。

夜はランプの明りで小さな活字を読む生活をしたためか、アレムは近眼だった。メガネをかけている難民は非常に珍しく、それが彼の印象を色濃いものにしていた。

彼のメガネは、フレームが歪みレンズも欠けていたため、頻繁にずり落ちた。それを指で引き上げる彼の姿がこっけいで、ボランティア仲間たちがよく真似をしていた。

アレムと青年教師

一家が祖国を追われたとき、アレムはまだ八歳だった。彼の父親はエチオピアの前政権に仕える軍人で、三十年にもわたるエリトリアとの戦争に従事した末に戦死した。

前政権が失脚すると、新政権はエリトリアと和解し、アレムの一家は政治犯の遺族として国を追われる身となってしまった。

ジブチの難民キャンプには、似たような身の上のエチオピア人が何十人といて、彼らはジブチ人スタッフから「本当の難民」と呼ばれていた。

その言葉の裏には、ソマリア人難民に対する揶揄《やゆ》もこめられている。ソマリア人難民のなかには、ソマリア北部の故郷と難民キャンプとを行き来する人もいた。彼らは、帰る場所があるにもかかわらず、ちゃっかり難民としての支援も受け続けている人たちという意味で、「偽装難民」と見なされていたのである。

それに対して、エチオピア人難民たちは、現エチオピア政権の下《もと》では、帰る場所がない人たちだった。

父を亡くし拠り所を無くしたうえに故郷を追われた、母と小さなアレム、二人の姉妹の一家は、わずかばかりの荷物だけを手にして、数日間砂漠のなかをさまよった後、最も近いジブチ共和国の国境にたどりつき、難民キャンプに収容された。

短い間に、一家の大黒柱も、家も、財産も、すべてを失ってしまったにもかかわらず、難民キャンプに逃れてきたことは一種の幸運だった、とアレムは言う。

「それまでは家の生活も安定しないし、学校に行ったこともなかったから、うれしくってしょうがなかったんだ」

学校に行けることが、難民キャンプの子どもたちが受ける最大のメリットかもしれない。ソマリアでもエチオピアの田舎でも、小・中学校の就学率は三〇パーセントにも満たない。祖国にいたら、戦争のない時代でも、学校に通えない子どもたちのほうが多いのだ。

アレムは、キャンプの学校でも真面目に勉強にはげみ、卒業後も独学で語学を磨いた。二十歳で診療所のボランティアを始めて、地道に黙々と働いた。

それから六年目の春、ついに彼は診療所の正式なスタッフとして迎えられた。ここまで長くボランティアを務めあげた人もほかに例がなかった。

自分の未来がどうなるのか分からない状況におかれている一方で、働かなくても最低限の食料や医療サービスがただで供給される難民たちにとって、多くのものが、努力することに価値を見出せなくなるのも無理のないことかもしれない。

アレムはなぜ忍耐強く努力を続けられたのか。なぜ見返りの少ないボランティアを長年努められたのか。彼の心の中には常に、幼いころに英語を教えてくれたエチオピア人の一青年教師の存在があったのだという。

アレムが小さいころ、子どもたちを集めて、英語の補修授業を行っていた青年教師がいた。その教師はある日、カナダへの移住審査に合格し、難民キャンプを去っていった。

英語もフランス語も達者な教養のあるその青年は、カナダの生活に溶け込むのにもさほどの苦労もなく、仕事も見つけ、家族も呼び寄せて、カナダで一家幸せに暮らしているという。努力はいつか、ちゃんと実るんだ。

青年教師の成功は、アレム少年にはかりしれない希望を与えた。

ジブチでも、難民たちがアメリカやカナダ、ヨーロッパの国々への移住を希望している。彼らは、UNHCR（国連難民高等弁務官事務所）を通じて、あるいはジブチにある各国の大使館を通じて、難民としての移住申請を行う。それでも実際に、海外移住を果たした人々は数えるほどしかいなかった。宝くじに当たるような感覚に近いかもしれない。

アレムに吉報が

二〇〇七年の秋のこと。アレムが珍しく長期休暇を取り、しばらくぶりに姿を見せたと思ったら、興奮した面持ちでわたしたちに駆け寄ってきた。

「カナダ移住の審査に合格したよ！」

カナダ大使館からの手紙をカバンから取り出して、わたしやドクターに確認して見てくれとせがんだ。自分自身でも信じ難かったのかもしれない。手紙にはたしかに、難民移住者として彼を受け入れる旨が書かれていた。

先に移住していたエチオピア人の知り合いが、アレムにカナダのカトリック教会組織をスポンサーとして紹介してくれたのだそうだ。その教会関係者に、彼は英文で手紙を書き、その真《しん》摯《し》な訴えにスポンサーが心を動かされたという。難民キャンプの診療所で働いている経歴も幸いした。

アレムの吉報が診療所でも話題になると、若手スタッフたちが俄《にわ》かに活気づいたように見えた。アレムが青年教師に影響を受けたように、今度は彼自身が後に続く若者たちに希望を与えたのかもしれない。キャンプの住民たちがこの世に完全に失望してしまう前に、アレムに渡されたバトンが今度は別のだれかに受け継がれていけばと願う。

その年の十二月、難民キャンプの学校前の広場で、エイズ予防キャンペーンのイベントが行われた。診療所のスタッフやボランティアを中心とした多くの若者たちが、イベントの出し物の演劇や歌や踊りの練習に毎日没頭していた。

イベント当日は、キャンプにこれほど多くの人がいたのかと驚くほどの盛況ぶりで、観客はつぎつぎと催されるパフォーマンスに声をあげて笑い、手を叩いて喜んだ。

毎年十二月一日の「世界エイズの日」のイベントは、難民キャンプの保守的な長老たちの圧力によって、あまり目立った活動ができなかった。性にまつわる問題を大勢の前でオープンに話すことは、長老たち年配層、特にイスラム教徒のソマリア人や、エチオピア人の一部の長老たちにとっては、大きなタブーだったからだ。

しかし、この年のイベントでは、若者たちが諦めずに何度も長老と交渉を重ねてきた。

「このキャンプでも、すでにエイズの死者が出てるんだ」

「悠長《ゆうちょう》なことを言っていたら、もっと被害者が出てしまうんですよ」

いつになく、真剣に長老たちとやりあう若者を見るのは痛快だった。

当日、青と白のおそろいのユニフォームに、エイズ予防キャンペーンのシンボル、赤いリボンを胸につけた彼らの誇らしげな笑顔。その日まで何度も練習した、エイズ教育についての演劇や紙芝居をうまくやり遂げ、お年寄りから子どもまで入り混じった大勢の観客を沸かせた。

彼らが発表するエイズについてのメッセージは、これまでになくストレートで衝撃的なものだった。彼らの掲げたポスターに男女のベッドシーンが描かれているのを見て、見学に来た長老たちが渋い顔をしていた。その横でわたしは一人密かに、してやったりとほくそ笑んだ。

第5章　世界で最も貧しい国 ―― シエラレオネ

ＮＧＯから開発コンサルティング会社へ

国連開発計画で毎年発表する人間開発指数というものがある。一人当たりＧＤＰ（国民総生産）などの経済指標だけではなく、就学率や識字率などの教育指標、それに国民の平均寿命などをかけ合わせてはじき出す指数で、その国の発展の度合い、もしくは人々の生活レベルを表している。ちなみに、日本は近年、世界の十位前後の位置にある。

西アフリカの大西洋に面したシエラレオネ共和国（以下、シエラレオネ）は、この人間開発指数のランキングでは全世界で最下位だった。二〇〇七年、二〇〇八年は、百七十七ヶ国中の百七十七位となっている。

シエラレオネはまた、長かった内戦のせいもあり、世界で一番寿命の短い国になっていた。平均寿命は四十二歳。ザンビアの人々の平均寿命も負けず劣らず短かい。ザンビアではＨＩＶ（エイズを発症させるウイルス）が原因で多数の成人が亡くなるのに対し、現在のシエラレオネでは、子どもが多く死ぬのが第一の原因である。

ちなみに、乳児死亡率は出生千人に対して百六十五人、日本の約五十五倍だ。五歳未満児死亡率は千人に対して二百八十二人、妊産婦死亡率は十万人に対して二千百人と、世界の中でも群を抜いて悪い（二〇〇八年に公表された国連の統計による）。子どもの十人に三人は五歳まで生きられない。女性一人当たり平均五人の子どもを産《う》むと考えると、女性の十人に一人は妊娠・出産が原因で死亡するという計算にもなる。女性や子どもにとり、普通に生活することがそのまま命がけなのだ。

二〇〇八年の秋、そのシエラレオネへの赴任が決まった。渡航準備を進めながら、パソコンで任地の情報を事前に調べていたのだが、とてつもなく酷《ひど》い数字のオンパレードにため息がでてくる。

ジブチの仕事から戻ってきたのち、わたしはそれまで勤めていたNGOを辞めた。その後、南部スーダンへの小旅行から戻り、しばらくしてある開発コンサルティング会社に入社した。

開発コンサルティング会社というのは、NGOと違い完全に営利団体である。JICA《ジャイカ》（国際協力機構）や外務省などが実施するODA（政府開発援助）案件の調査や実施業務の一部、もしくはその大半を請け負うなどして、利益を得ているところが多い。

橋や道路などの建設、上下水道整備など、ハード分野を専門とする会社もあれば、保健、農業、教育に関する技術指導や政策提言などのソフト分野を専門とする会社もあり、業務内容や経営の規模は会社によりさまざまである。

わたしの所属した会社は、設立してからまだ間もなかった。社員はわたしのほかには、社長を含めて三名しかいない小さな組織である。大きなプロジェクトを受注するほどの力はなく、コンサルタント個々人が細々《こまごま》と仕事を請け負っていた。じっとしていて会社から仕事が降ってくるわけではない。勿論、仕事をしない社員を食わせられるような余裕もない。そこで、なるべく実入りの良さそうな仕事を緊急で探さなければならなくなった。そんな時にJICAのホームページで見つけたのが、シエラレオネでの仕事だった。

母の言葉を信じて

一年近くまともに仕事をしておらず、その間、久しぶりに東京郊外の実家に居候《いそうろう》していたが、ご近所の人々は道で出くわすと、さまざまな興味から質問を浴びせてきた。

「アフリカで仕事をしているんだってね、一体どんなことをやっているの？」

こんな質問をされると返事に窮する。仕事の内容は、そのときどきで違うからだ。難民キャンプの医療支援の仕事などは比較的説明しやすかったが、ザンビアの衛生改善プロジェクトの仕事内容はなかなか相手に伝わりにくい。

「簡単にいうと、現地の人たちと一緒に、おトイレを造ったりしているんです」

などと応《こた》えていたが、相手はキョトンとしている。

そして、仕事をひととおり説明し終わるとたいてい、

「これからもアフリカでボランティアを続けるの、えらいわね」

などといわれる。これはよく受ける誤解だった。アフリカやアジアに行くというと、青年海外協力隊のイメージが強いせいか、ボランティアとして無給で現地に赴《おもむ》いていると思われることがある。そんなに何年もボランティアを続けていたら、親のすねかじりもいいところで、逆に「えらい」などといえないんじゃないかと思うが、「一年近く仕事もせず怠けているのは同じようなものか」と思い、説明する気をなくす。

それにしても、長いブランクの後で、いきなりこんなにハードな環境で大丈夫だろうか。一抹の不安がありながらも、この仕事に応募することにしたのは、とりあえず仕事をしなければという経済的な事情とともに、これほどまでに経済指標や保健衛生指標が悪い国が、一体どんな所なのか知りたいという純粋な興味もあった。

わたしの母は常々、「人生の視野を広げるためには、世の中の最高のものと最低のものを経験する必要があるのよ」と言っていた。その根拠はどうやら本人の経験に基づく教訓らしいが、わたしの頭にもいつの間にかその考えが植えつけられていた。

「最高のもの」を経験する機会にはなかなか恵まれそうもないが、「最低のもの」に接する機会は、この国に行けばあるのではなかろうかと思った。

シエラレオネの人々は、数字のうえで見ると、世界でも最低レベルにランクされる生活をし

ている。それが一体、人間にとってどんなものなのか、この目でたしかめたいという思いがむくむくと芽生えてきた。

文献探しに大手の書店に行くと、シエラレオネについて紹介している書籍をいくつか発見した。そのほとんどが「世界で一番貧しい国」「世界で一番子どもが死ぬ国」として、シエラレオネを扱っている。

また、一九九一年から十年続いた内戦について触れているものが多かった。内戦中に横行した四肢切断などのゲリラ兵による残虐行為は、さまざまな文献で語られ、その生々《なまなま》しい記述を読んでいるとだんだん気分が悪くなってくる。

ちなみに、今回の仕事のミッションは、シエラレオネにある十三県のうちの一つ、カンビア県で、保健所のマネージメント能力を向上させることだった。

これまで医師や看護師といった専門家の傍《そば》で、マネージメントにかかわる仕事をすることの多かったわたしには、打ってつけの仕事だと思っている。

ODA(政府開発援助)案件の中でも、このように相手国政府関係者に技術指導をしたり、彼らの能力向上をサポートしたりするソフト分野の仕事の場合には、「カウンターパート」と呼ばれる技術移転の相手となるお役人がいる。ここが通常のNGOの仕事とは勝手が違うところだ。ザンビアでもわたしの直接のカウンターパートは、ルサカ市の保健所スタッフであり、あくまで彼らを通じてコンパウンドの住民のトレーニングや組織化を行っていた(第3章)。

ＮＧＯのプロジェクトでは、本部から任命され派遣された場合に、現地スタッフの人事権や支援活動の予算執行権などもある程度は託されている。

一方で、カウンターパートというのは、当然ながら当方に任命権はなく、わたしが上司として権限をふるえる相手でもない。もし、自分の技術移転相手であるカウンターパートが、やる気もなく協力的でなかったとしても、その人と一緒に仕事をやっていくしかないのが辛いところだ。ザンビアでの経験でも、相手によってかなりの当たり外れがあった。

仕事の難易度よりも結局、カウンターパートがどんな人たちなのかのほうが気がかりだ。シエラレオネの状況を考えると、政府の統治能力やそこで働く人たちにも、ネガティブな想像が働いてしまう。

ＰＫＯのオーストラリア兵

西アフリカまでの道のりは、思ったとおり遠かった。ドバイを経由し、ガーナの首都アクラに一泊。シエラレオネに到着するころには東京を出て、すでに二日以上が経過していた。

何度も仕事で飛行機に乗っていると、空の旅にも特別な楽しみを感じなくなる。とりあえずは、早く着いて欲しいと願うばかりだ。

それでも、気流が悪くて飛行機が揺れたりすると生きた心地がしない。何度も乗っているので、そのうち飛行機事故にでも遭《あ》うのではないかと考えてしまう。これも職業病とでもいうのだろうか。客室乗務員はそんなことを考えて仕事が、苦痛になったりはしないのだろうか。長旅の末、ようやくシエラレオネの国際空港に到着する。お昼過ぎと、まだ明るい時間だったが、時差ぼけも手伝って、すでに眠気に襲われて、フラフラになりながら空港を出ると、荷物運びの人たちがチップ欲しさにしつこく付きまとい、わたしの疲労感にいっそう拍車をかけた。

空港から首都フリータウンまでには、さらに海を渡らなければならない。客引きに連れられ、ホバークラフト船の乗り場に向かう。

船の発着場がある岸辺に移動すると、白い砂浜と海が眼前に広がっていた。砂浜には背の高いココナツの木がずらっと並び、南国調の雰囲気を醸《かも》し出している。夕日が沈みかけて、海岸線がオレンジ色ににじんでいた。その様子にうっとり見入っていると、砂浜で遊んでいた数人の子どもたちが近づいてきて、ひとなつっこく話しかけてくる。

「ねえねえ。どこから来たの？」

「名前はなあに？」

こんなに美しくてやさしい場所と、むごたらしい内戦のイメージが、まるで結びつかない。

穏やかな大西洋の海を眺めていると、大きなホバークラフト船が独特の爆音を立てて近づいてくる。五十人くらい収容できそうなホバークラフト船は、見たところ相当の年季が入っている。近くで見ると、鉄板のところが錆《さ》びついて赤茶けている。

（これで大丈夫かな？……）

心配をよそに、船は乗客を乗せると、再び大きな音をあげて定刻通りに出航した。わたしのほかにも十名ほど外国人が船内にいたが、おそらくほとんどが援助関係者なのだろうと察した。

波にあおられて船は何度かゆれた。船酔いしないように窓の外を眺めていると、となりに座っていた若い白人男性が話しかけてきた。

「君、ここに何しに来たの？」

「首都についたら、どこに宿泊するの？」

「連絡先教えてくれる？」

と、やけに馴《な》れ馴《な》れしい。

オーストラリア人の彼は軍人で、ＰＫＯ（国連平和維持軍）のミッションで、これから隣国のリベリア国境沿いのほうに派遣されるらしい。

「じゃあ、まだここの治安は相当悪いの？」

と、わたしは聞いた。

「いや、シエラレオネはもう落ち着いてきてるよ。リベリアのほうがメインの仕事場さ」

そう言いながら、彼はおもむろにカメラを手持ちのリュックから取り出して、「ここで僕の写真撮ってくれない？」とわたしに頼む。

窓際に立って楽しそうにポーズをきめる彼が、まるで観光客なので、拍子抜けして、何だか脱力感を感じた。

首都フリータウン上陸

出発して二十分近くが経ち、海の向こうにフリータウンの街が見えはじめた。背景に山々が連なり、前景の斜面に人家やビルが立ち並んでいる。

シエラレオネという国名は、ポルトガル語で「ライオンの山」という意味なのだそうだ。名前の由来は、「山々の形が横たわるライオンに見えるから」とか、「山のほうから吹いてくる風がライオンの咆哮《ほうこう》に似ていたから」とか、諸説あるらしい。ちなみに、シエラレオネにはライオンはいない。

フリータウンは、四方を山と海という豊かな自然に囲まれながらも、一歩中に入りこむと人と車でごった返す喧騒《けんそう》の街である。

山がちな地形の傾斜のきつい斜面に、所狭しと家が立ち並ぶ。坂道に無理やり切り開いたような舗装道路がうねうねと続き、車で移動すると複雑な迷路に迷い込んだような気がする。アフリカのほかの都市とくらべても、かなりユニークな印象を与える街並みだ。

道の両側からあふれ出てくる人々をかき分けるように車やバイクが走り、けたたましくクラクションが鳴らされる。目前の車があやうく交通事故を起こしそうになったと思ったら、運転手が神業《かみわざ》のようにハンドルを切り、間一髪で車と車の間をすり抜ける。こういうところで運転するには技術以上に度胸がいりそうだと思った。

道路は舗装されているとはいえ、ところどころ穴があき、修復されている箇所もパッチワークのように継ぎはぎで、復興作業がまだまだ必要のようだった。

街のそこかしこに野良犬があふれていた。生まれてこの方、一度も可愛がってもらったことのなさそうなみすぼらしい犬が……。どの犬も、あばらが浮き上がるほどに痩《や》せていたり、皮膚がただれていたり、足をひきずっていたり、痛々しい姿をさらす。

ここの住人たちは、まだ自分たちが生きていくのに精一杯で、犬を可愛がる余裕などないのだろう。

一見して人々が生活に困窮している様子は伝わってくるが、行商の多い街は、意外にも活気にあふれていた。物の流通もさかんだ。外国人向けのスーパーマーケットもいくつかあり、最低限必要な日用品や食料も手に入った。

治安も悪くなさそうだ。白人の若い女性が肌をさらしながら、平然と夜の街を闊歩《かっぽ》している。ここなら暮らしていくのに窮屈なことはなさそうだとホッとした。

されど、ここはまだ中継地点に過ぎなかった。

フリータウンから赴任地のカンビア県までは、さらに車で四、五時間はかかる。途中から道路はまったく舗装されていない。

アマゾン流域のジャングルのように、うっそうとした森の中を四輪駆動の車がえんえんと進む。日も暮れはじめて、あたりが見えにくい。前日降った大雨でできたぬかるみに、車はたびたび足をとられた。途中、タイヤがパンクし、二十分ほど修理に時間がかかった。

「道が悪いから、よくパンクするんだ」

運転手は慣れた手つきで、空気の抜けたタイヤをくるくると取りはずし、スペアタイヤと交換する。目的地はまだまだ遠い……。

内戦の深い傷跡

シエラレオネのことをはじめに知ったのは、二年ほど前に見た「ブラッド・ダイヤモンド」という映画だった。

レオナルド・ディカプリオの主演で、シエラレオネを舞台にしたダイヤモンドと内戦の関係を描いた映画である。ブラッド・ダイヤモンドとは、血塗《ちぬ》られたダイヤモンド。つまり、不正取り引きされ、紛争や犯罪のための武器購入の資金源になっているダイヤモンドのことだ。

リベリア国境近くの東部地域では、ダイヤモンドが産出される。シエラレオネの政権の座を手に入れた者は、このダイヤモンドの利権を手にすることができるため、シエラレオネでは内戦以前から、ダイヤをめぐって権力者たちの闘争が続いてきた。

八〇年代後半、シエラレオネは長引く経済不況に加えて、政府の腐敗がはびこり、国内には反政府ムードが蔓延《まんえん》していた。失業率は高く、職を得られない若者たちの不満が燻《くすぶ》っていた。

そこに介入してきたのが、隣国リベリアの反政府指導者チャールズ・テイラーだった。

一九八〇年代後半以降、シエラレオネで反政府活動を散発的にはじめたシエラレオネ革命統一戦線、通称RUF（Revolutionary United Front Party）はこのテイラーと組んで、東部や南部地域を武力制圧した。RUFはダイヤモンド産出地帯を支配し、ダイヤモンドをテイラーに売りさばく一方で、テイラーから武器弾薬を手に入れている。

その後、一九九七年にリベリアの大統領選挙に勝利したテイラーは、今度は自国で私腹を肥やし、国家の財産を食い潰しはじめた。それに対して、リベリア側でも反政府運動が巻き起こった。双方の内戦で数多くの少年少女が拉致《らち》され、兵士として殺し合いに参加させられた。

シエラレオネの内戦が国際社会に注目され、強く非難された背景には多くの子ども兵士を麻薬づけにし、無理やり戦闘に参加させたことがある。子ども兵士にされた少年少女は一万五千人以上にのぼるといわれる。

さらに、RUFゲリラ兵による一般市民の四肢切断という、世にも恐ろしい非人道行為が横行したこと。先述の映画の冒頭に反乱軍が漁村を襲撃し、村人が虐殺される衝撃的なシーンが出てくる。そのなかで、反乱軍の兵士がナタのような大きな刃物で無抵抗の村人たちの両手を切り落とす残虐行為が映し出されるが、これは実際にあったことで、シエラレオネの内戦中に四肢を切り落とされる被害にあった人の数は数千人にものぼると伝えられている。

この背景には、反乱軍に抵抗する住民の戦意を喪失させるためとか、また反乱軍のなかでは残虐行為が英雄的な扱いをされたためとか、さらには単なる快楽的な目的のためなど、さまざまな理由が推測されている。大人だけでなく、子どもまでもがこの残虐行為の被害者に、また加害者にもなっている。

ＲＵＦは東から西へと進軍し、一九九〇年代後半にはフリータウンに侵攻した。こうしたなか、ナイジェリア、ガーナ、ギニアなどからも援軍があり、九八年、九九年に、フリータウンで大規模な戦闘が展開された。このころの戦闘は相当激しかったらしく、フリータウンの住民も「死体を見るのが日常になってしまった」という。

一九九九年、国連シエラレオネ派遣団が設立され、シエラレオネの紛争解決に介入。その後、国際社会の介入により、二〇〇〇年にナイジェリアのアブジャで、ＲＵＦと政府の間で結ばれた和平合意を経て、ようやく停戦が実現した。二〇〇三年には、リベリアのテイラー大統領も反政府勢力や国際社会の圧力により、ナイジェリアに逃亡。リベリアの内戦も終結した。

だが、長年におよぶ内戦で、両国とも国土は破壊され、資源は搾取されつくし、大勢の人が死んだ。シエラレオネ内戦の犠牲者は五十万人にもなるといわれる。避難を余儀なくされた人の数は四百五十万人と、シエラレオネ人口のほとんどにあたり、このうち五十万人近くがギニアなど隣国へ難民として流出した。

終戦以降は難民の帰還が進んだものの、国の復興・再建事業、元兵士の社会復帰支援がいまも継続中だ。

されど、二〇〇八年現在、首都や村の様子は一見すると、わたしが予想した以上に平和だった。特別物々しい雰囲気もなく、どちらかというと、人々ものんびりした印象を与える。

時折、両手のない物乞いを首都で見かけ、この国でひどい内戦が続いていた事実を再認識させられた。下町のほうでは内戦以前から残る建物が密集していて、そのところどころに弾痕を見つけた。

内戦の記憶もまだ人々に生々《なまなま》しく残っている。子どもが戦争に駆り出され戻ってこなかった人、家族を目の前で殺された人、それぞれに辛い記憶を抱えていた。

「政治家や官僚たちは自国のことなんてこれっぽっちも考えてない。国の富を奪うだけ奪いつくして国外逃亡する。ピースコーみたいな海外ボランティアは、自分たちは結局何も出来ないと悟る前に任期切れで帰ってしまうだけさ」

「ブラッド・ダイヤモンド」で、ダイヤモンド密売人を演じるディカプリオは、アフリカの現実をこのように話していた。そして、「これがアフリカさ！（This is Africa !）」と強調する。

ピースコーというのは正式名称でPeace Corps（平和部隊）と呼ばれるアメリカの海外ボランティア団体で、若者が二年程度、途上国に派遣され、農業支援や環境保護運動など、さまざまな活動を行う。日本でいうところの青年海外協力隊員に近い。

「ピースコーみたいな」というディカプリオのセリフは、ボランティアというより、所詮、短期間しかいない援助関係者全般を皮肉っているのだ。

たとえば、現地の人々の援助依存体質を助長するだけの支援、現場ではまるで機能しないシステムを先進国の発想で無理やり押し付ける支援を幾度も見てきた。二年や三年の短い任期の内に地元で暮らす庶民の生活をほとんど知ることもなく、「自分たちは良いことをやっているのだ」という思い込みが解けぬまま帰って行く外国人。

そういうわたしも、その範疇《はんちゅう》に入らないと言えるだろうか。

逆境からのスタート

わたしの職場は、カンビア県の県病院に隣接する保健所だ。ここには戦後に復興支援が入ったらしく、保健所の建物は比較的新しいコンクリートの平屋建てだった。建物の一角に日本の援助を主張するように、JICA《ジャイカ》（国際協力機構）のロゴが入ったシールが張りつけてあるドアがある。ここが今回のプロジェクトの事務所だ。

地元スタッフ二名とわたし、もう一人の日本人女性を合わせて四名にしかならない、小ぢんまりとしたプロジェクト。八畳くらいの小さなプロジェクト事務所に、せせこましく机や椅子が置かれている。ただでさえ蒸し暑いのに、いっそう暑苦しく感じる密度だ。

「はじめまして。薄井と言います。これからよろしくお願いします。力を合わせて良いプロジェクトにしていきましょうね」

薄井さんは、このプロジェクト開始当初の約半年前から赴任している。穏やかでやさしい雰囲気をたたえた年上の女性である。

暑がりな体質らしくて、いつもパタパタと扇子《せんす》を使っている。この先数ヶ月の任期の間、おそらく一番長い時間を一緒に過ごすであろう人が、印象の良い人で安心した。

あまり人のことばかりは言えないが、この業界は自己主張の強い人が多くて、同じ日本人でも二、三人集まると、職場の雰囲気が険悪になることすらある。海外勤務のストレスのはけ口が少ないことも原因かもしれない。

さて、一方の仕事相手であるカウンターパートたちはどうだろうか。

すでに定時の八時半を過ぎて九時をまわっていたが、まだだれも出勤しておらず、保健所内はシーンと静まりかえっている。

「ひょっとして今日は定休日なのかな」などと思っていると、

「定時に出勤してくるのは、わたしたちくらいなものですよ」

薄井さんは、特別気にする風でもなく、大らかに笑って言った。

保健所にはタイムカードなどもなく、出勤形態はだいぶ自由なようだ。毎日出勤する人はまだマシなほうで、しばらく出勤してこず、連絡もとれなくなるような職員もいるらしい。

当時、カンビア県の保健所には、一名の医師のほか、看護師や薬剤師、環境衛生指導員など、専門の異なる二十名ほどの医療スタッフが働いていた。わたしたちのプロジェクトは、彼らのマネージメント能力、つまり計画・立案、会計、調達、情報管理などに関する能力を強化することで、カンビア県全体の保健サービスの質・量の向上を目指すものである。

長期で派遣されている薄井さんがプロジェクト全体の進捗を見ているため、わたしは特に課題の多い情報管理に関して、カウンターパートの能力強化を担当することになっていた。

クーラーのない職場で、薄井さんは大量の汗をかきながら書類とにらめっこしている。県の中心地とはいえ、自然に囲まれた田舎街にある建物のなかには、窓から風で砂塵が舞いこみ、机上のパソコンやプリンターに塵《ちり》が積もっている。窓には網戸が張ってあるものの、すき間から蟻や蜂や蜘蛛《くも》やゴキブリ、さらに蜥蜴《とかげ》など、さまざまな生き物の来襲にさらされる。

アフリカ暮らしには慣れてきたとはいえ、わたしは相変わらず虫が苦手なままだ。しかも、ここの虫は日本で見るものよりも巨大だ。ゴキブリも日本のものよりも一回り大きいが、ふだん人から駆除されることが少ないせいか、動きはとても鈍い。だが、危険な虫もいる。一センチほどの大きさで鋭いキバを持つ蟻などは、噛《か》まれると相当痛いので駆除には神経を使う。

およそデスクワークに向かない野性味あふれるこの環境において、自分の仕事が半径十メートル以内の移動でことたりそうなデスクワークであることを、とても皮肉に感じた。

ここには電線さえ通っておらず、日中は発電機を回しているようなところだが、わたしの仕事はパソコンなしでは成り立たない。日本から持参したパソコンはその後、暑さと不安定な電圧、砂塵やアリの来襲で急速に寿命を縮めることになった。

衛星回線を使うインターネットの速度も極端に遅い。何メガバイトもあるようなファイルをダウンロードするのに半日かかってしまうこともある。仕事の上の大事なメールかと思い、辛抱強くダウンロードを待っていたものの、受信してみれば、日本の友人からのメールで「子どもが生れました」と大きな写真が張りつけられていて、ガックリと肩を落とす。友人に悪気はないのだが……。

九時半頃になり、保健所の職員がようやく一人、二人と出勤しはじめた。わたしが直接かかわることになる情報管理部の職員も出勤したようだ。建物の一番奥にある彼らの部屋の扉が重々しく開く音がした。

保健所のプライマ副部長

カンビア県内には、六十の公的な村落診療所が各所に散らばっており、そこには有資格の看護師がそれぞれ配置されていて、簡単なケガや病気の治療、予防接種や妊産婦検診などを行っている。県の保健所はこれら末端の村落診療所の活動を指導、監督する立場にある。

保健所には毎月、保健活動に関する記録レポートが各診療所から上がってくることになっていた。たとえば、何人の患者を診《み》たか、どんな症状だったか、何人の子どもに予防接種をしたかなどの情報がレポートには記載されている。

その後、保健所の情報管理部の職員は、それらの記録をデータとしてパソコンに入力し、集計したうえで、報告書を中央の保健省に提出しなければならない。保健省はその情報を踏まえて、各地の保健所や診療所への適切なサポートを行うことになっている。

しかし、カンビア県の保健所から保健省へのデータの提出は滞《とどこお》りがちだった。何が障害となっているのかを探り、その対策を練って、作業改善の指導を職員に行うのが、わたしに課せられた仕事だ。

その後、仕事を進めていくうちに明らかになったことは、どこかに障害があるというより、すべての過程に障害があるということなのだが……。しかし、着任当初はやや楽観的な展望も描いていた。

奥まった薄暗い場所にひっそりと存在する情報管理部の部屋は、何となく人を寄せつけない雰囲気がある。部屋のドアをあけると、まず散乱する書類の山が目に飛びこむ。まるで空き巣に入られた後のような惨状だった。しかも何か不快な臭いまで漂《ただよ》っている。

書類の山に埋もれるようにパソコンが二台置いてあり、その内の一台に向かって、イライラした様子で、何かを打ち込んでいる男性職員がいる。彼は情報管理部の副部長で、ブライマと名のった。

「で、何か用？」

開口一番、あからさまに不機嫌そうな態度にたじろぐ。

「ええと、わたし、新しくプロジェクトに派遣された者です。わたしの担当は情報管理部門なので、何かお手伝いできることがあったら……」

「今忙しいんだよね。今日中に保健省に報告書提出しなきゃいけないんだ。用事があるなら、後にしてくれないかな」

ブライマはブツブツ言いながら、パソコンに向き直った。背の高いひょろっとした体形の彼は、神経質な印象を与える。どうやら間《ま》の悪いときに来てしまったらしい。仕方なく時間をおいて、もう一度訪ねることにした。

昼休みが終わって再び情報管理部の部屋に行くと、ブライマはすでにいそいそと帰り支度をはじめている。

「悪いけど、明日からフリータウンで開かれる会議に出なくちゃいけないから、しばらくカンビア県には戻ってこない。それと、僕たちの仕事を手伝ってくれるって言ったよね。そこにあるコンピューターの一台が調子悪いんだ。それ、直しておいてくれるかな」

彼は部屋の隅に置いてある埃《ほこり》をかぶったパソコンを指差した。

「ちょっと待ってよ。そう言われても、コンピューターのエンジニアじゃないし……」

「だって、お前は日本人だろ。後はよろしく」

とブライマは足早に去って行った。日本人ならみな、機械やコンピューターには強いはずだという、よくある大いなる誤解だ。

彼が去った後、部屋にもう一人職員がいるのに気づいた。小太りの若い男性は、もう一台のパソコンでカードゲームに熱中している。

「あなたも情報管理部の人？」

「いや、僕は違う部署の職員だ。情報管理部には、もう一人職員がいるけど、彼はめったに職場に来ないから、待っていても無駄だよ」

「めったに職場に来ないって、どうして？」

「彼はパソコンがまったく使えない。情報管理部の仕事はパソコンが使えてなんぼだから、彼は、ここにいてもする仕事がないのさ」

まだおそらく三十代前半くらいの若い職員は、コンピューターを使えないその職員のことを小馬鹿にしたような口調で応えた。

コンピューターによる情報入力作業と、それによる毎月の保健省への報告書の提出は、数年前からすべての県の保健所に義務づけられている。そのためにパソコンやプリンターが数台ずつ国から支給されているものの、各県とも、パソコンを使える人材がまだ少ない。

この時期、保健省と各県の保健所をつなぐ保健情報データベースがＷＨＯ（世界保健機構）の支援で構築され、何人もの専門家が、ジュネーブからデータベースの使い方の指導にフリータウンにやってきていたが、「パソコンの立ち上げ方から教えなきゃいけない人もいるんだ」と嘆いている。どうして、そんな国にデータベースを入れようとするのだろうか。何か根本から考え直さないといけないのではなかろうかという気がする。

この日は結局、情報管理部の職員がだれもいなくなってしまったため、仕方なくプライマ副部長に頼まれたパソコンの修理に取り組むことにした。

なぜ、わたしがこんなことしなきゃいけないのだろうという疑問を拭えないまま、パソコンをいろいろといじくって見る。いくつかの不具合が見つかり、調べていくうちにウイルスが原因であるらしいことが推測できた。どうやら、このパソコンにはウイルス対策ソフトが入っていないようだ。

薄井さんにプロジェクト事務所のウイルス対策ソフトを貸してもらい、インストールしようとしたら、突如として電気が消えてしまった。

電力供給をしている発電機の調子がどうもおかしいようだ。地元で購入するガソリンにかなり質の悪い油が混ざっていたらしく、そのせいで発電機がダメージを受けたとのこと。電気がなければ、パソコンを使うわたしの仕事はまったく進まないので、薄井さんと相談し、急いでエンジニアを呼んで修理してもらうよう保健所の関係者にかけあったが、発電機を直せるようなエンジニアは、カンビア県では見つからないらしい。首都から人を呼び寄せ、修理をするのに明日か明後日まで待ってくれといわれた。

こんなことに備えてか、事務所には充電式の蓄電器もおいてあった。せめて蓄電器の電力がもつ間に今日の仕事を終わらせてしまおうと、わたしも薄井さんも焦りだす。

ピーピーと蓄電量の低下を示すサイン音にせき立てられながら、パソコンの修理作業を続けるわたしの横で、薄井さんは「今日中に送らないといけない報告書がある」と必死の形相で自分のパソコンに向かっている。

保健所職員たちは、

「そんなに焦ってもしょうがないよ、ここはアフリカだよ。リラックス、リラックス」

わたしたちにそう言いながら、停電をこれ幸いと、定時を前につぎつぎと帰っていった。

僻地で暮らす日々

仕事始めの日からグッタリ疲れてしまったわたしは、終業時間後そのままゲストハウスに戻り、休むことにした。「電気もなく水道もない、こんな所での長期間の暮らしに耐えられるのだろうか」と少々心配になった。

日本でもわたしは、友人や仲間とキャンプ場に行っても、テントも張れなければ、火も熾《おこ》せない。勿論、魚なんか釣れないし、捌《さば》けない。皆の仕事振りをただ黙々と見ているだけの役立たず者だ。一人で内戦中のスーダンに渡航する気力や行動力はあっても、実は、何もない所で生き延びていくような、サバイバル能力がないことは自覚している。

われながら、そんな人間がよくこんなところで仕事をしているものだと、感心してしまう。

宿泊先のゲストハウスは幸い、さすがに外国人用とあって、設備が整っていた。

二メートル半もある高い塀に囲まれた、二十平方メートルくらいの敷地には、発電機もあるし、汲み上げポンプの深井戸があって、水も大丈夫だ。周辺の住民たちにとっては、ここは人工的に造られた別世界なのである。

自分の部屋にたどり着き、汗をべったりかいた服を着替え、夕食を食べる気力もないままベッドに倒れこむ。

仰向けに見上げる天井は、四方の角《かど》が微妙に直角でない。ひとつの角には隙間があって、その埋め合わせに何枚かの板切れが無理やり詰め込まれている。

部屋を見渡すと、コンセントが少し斜めに傾いていて、部屋のつくりのいい加減さが目につく。そんなことを気にするのは、日本人以外ここにはいないようだ。

時差ボケも手伝って、すぐに眠りに落ちていった。ところが、真夜中なると、天井裏で何かガサゴソと動きまわる音で目が覚める。ネズミが活発に動きまわっているらしく、すっかり睡眠を妨害されてしまった。そのうえ、お腹の調子もだんだん悪くなってきた。

昼間に行商が売りに来た揚げ物を食べたことを思い出した。豆をすりつぶして油であげただけの質素な物だったが、なかなか美味しかった。今思えば、油が少々古い気がした。

その後、保健所の職員が分けてくれたキャッサバイモをふかしたものを食べた。その時にもお皿がちょっと汚《きたな》かったのが気になった。

途上国の暮らしには慣れてきても、初めての土地では、やはりもっと警戒すべきだったと後悔した。しかも、ここは腸チフスやラッサ熱など、いろんな病気の流行《はや》っているところだ。

あれこれ考えているうちに、お腹の具合はさらに悪化してきて、いままでに聞いたことのないような恐ろしい音を立てはじめ、緊急事態であることをわたしに知らせる。

部屋の隣にあるトイレに向かおうと思ったが、すでに消灯時間が過ぎていて発電機はまわっていない。この辺りにはまったく電気がないので、発電機が消えてしまえば、ゲストハウスは文字通り真っ暗闇で、何にも見えない。

持ってきた懐中電灯をスーツケースから手さぐりで探すが、なかなか見つからず諦《あきら》めた。壁を手さぐりでつたい、トイレに向かって一歩一歩踏み出す。その途中で何かに足の小指をぶつけて、涙が出そうになった。

（電気がないって、なんて大変なの……）

初日から、しみじみ実感した。

それからしばらくの間も、体調不良は続いた。ある日突然、まぶたにものもらいができた。小学校の時以来の出来事だ。中耳炎のような症状も発症した。異様に耳の中が痛かったため、看護師の資格を持っている薄井さんに診《み》てもらうと、耳の中が赤くなっているという。

「何かバイキンが入るようなことはありましたか？」

と聞かれ、耳かきで耳掃除していた時にちょっと手が汚れていたことを思い出した。耳かきの前に手を洗うべきだったのかもしれない。ここではデスクワークをしているだけで、いつの間にか爪の間が真黒に汚れていることがある。

さらに、気づかぬうちに、腕や足に赤くはれた突起物のようなものがいくつもできていた。

一体何に刺されたのか、皆目見当もつかない。

いつの間にか〝援助貴族〟

西アフリカにおける奴隷貿易が盛んだった十七、十八世紀ころ、このあたりにもヨーロッパから白人入植者たちが続々とやって来ていた。彼らの多くは、西アフリカの高温多湿の気候に慣れずに体力を消耗し、加えてさまざまな原因不明の疫病《えきびょう》にかかって死んだらしい。

ゲストハウスの裏をちょっと散策すると、うっそうとしたジャングルが広がり、何か得体の知れない生物がひそんでいそうな雰囲気を醸し出している。なるほどここならわたしがこれまでどの国でも遭遇したことのない、未知の病原菌がウヨウヨいても不思議はないと思った。

しかし、ここで一番恐れるべき病気はやはりマラリアだ。シエラレオネに来る以前に、西アフリカのマラリアの恐ろしさについては、散々聞かされていた。

マラリアは、ハマダラ蚊を媒介として伝染する寄生虫感染症で、サハラ以南アフリカに蔓延《まんえん》している。西アフリカでかかる一般的なマラリアは熱帯熱マラリアといい、特に症状が重い。高熱が長期にわたって続くため、放っておくと死ぬこともある。実際のところ、マラリアはシエラレオネの乳幼児の死亡原因でもダントツのナンバーワンなのである。

「とにかく、ちょっとでも熱があると思ったら、首都に必ず戻ってきて、設備の整った病院で検査を受けてください。風邪かもしれないなんて油断しないように」

フリータウンのＪＩＣＡ事務所でも、しつこいくらいに注意を受けていた。散々注意喚起をされていたおかげで、用心深く予防薬も飲んでいたせいか、結局最後までマラリアを発症することはなかった。

それ以外の病原菌については、特に気を配らなかったため、対処の仕方が分からない。腹痛になったり、皮膚がかゆくなったりするたびに、日本から持ってきた薬で治療を試みたが、効果はあまりなかった。

しかし、一ヶ月もすると、奇妙なことに、パッタリと病気に罹《かか》らなくなった。お腹、顔面、耳、手足の皮膚と順繰りに病気になった結果、おそらく未知の病原菌への抵抗力がついたのだろう。人間の免疫力の素晴らしさに感動を覚える。

「そうそう。わたしも最初はいろんな病気に罹りましたよ。変な虫にもいっぱい刺されたし。でも、その内に抵抗力がついてくるんですよ」

僻地暮らしの先輩である薄井さんは、わたしの罹ったような症状は一通り経験済みのようだ。

薄井さんは、つい最近まで、マラリアにかかって首都フリータウンの病院に入院していた。熱帯熱マラリアにかかるのは初めてのことで、とにかく悶絶《もんぜつ》するほど苦しかったとその時の状況を話してくれた。

四十度以上の高熱が続き、そのうち意識が朦朧《もうろう》とし、加えて関節のあちこちが痛く、頭がガンガンと割れるように痛みはじめる。マラリアと気づいた時には、すでに相当体力を消耗していたが、デコボコ道を五時間ほど車にゆられ、必死の思いで首都の病院にたどり着いた。

即入院となり治療がはじまったが、ベッドの上でも吐き気がおさまらず、食事ものどを通らない。二週間ほどの療養生活で五キロ近くも体重が落ちた。

復帰してからしばらくの間も体力がなかなか戻らず、しんどそうにしていたが、何とか健康を取り戻そうと、ジョギングなどもはじめていた。

「不便だけど、でも、やっぱりわたしたち恵まれてると思うんですよ。ゲストハウスには水もあるし、起きている時間帯は電気もあるし、病気になったらＪＩＣＡ事務所がいろいろケアしてくれるし……」

長年、ほかの仕事に従事した後に一念発起してこの仕事を志した薄井さんは、四十代になってから念願のアフリカの仕事についた感激がまだ続いていて、シエラレオネの不便な環境にも不平不満をもらすことが少ない。

わたしは薄井さんの言葉を、身につまされる思いで聞いた。

職務経験が長くなる内に、職場での待遇も徐々に改善され、それが当たり前と思うようになってくる。駆け出しで薄給の援助ワーカーだったころは、何部屋もある大きな家に住み、メイドや運転手を雇う駐在員の援助貴族のような生活を冷ややかに見ていたのに、いつの間にか自分もそれに慣らされてしまっていることに気づく。その一方で、昔はなんとも思わなかった不便さに、耐えられなくもなってくる。

初心に帰るには、ここらでこういう生活をするのも良い経験かもしれないと、自分を鼓舞してみた。

しばらくして、ゲストハウスでシャワーを浴びている最中にまったく水が出なくなってしまった。どうもパイプが詰まってしまったようだ。

頭についたシャンプーの泡を手でぬぐい取りながら、配管工に電話をする。

やってきた配管工は、シャワールームに入ると、パイプのつなぎ目を乱暴にトンカン叩きながら、詰まった個所を探しはじめた。詰まったところがコンクリートの壁に埋まっているパイプらしいと分かると、彼はためらうことなく、壁を金槌で壊しはじめた。コンクリートの破片が床に飛び散り、パイプがむき出しになってゆく。

問題個所はすぐに修理され、再びシャワーは使えるようになった。ところが、コンクリート片などが排水溝を塞《ふさ》ぎ、今度は水はけが悪くなって結局、別の配管工を呼んで修理する羽目になってしまった。

その数日後、今度は、ゲストハウス全体の水道管から、水が出なくなった。水道管の水は庭にある深井戸からくみ上げポンプで運ばれてくるのだが、汲み上げポンプのモーターの電気コードをネズミがかじってしまったらしい。感電したネズミの死体が近くに転がっていた。

モーターの電気コードを修理をするのに、首都からエンジニアを呼ばねばならず、その間三日ほど我慢を強いられた。この期間は、ゲストハウスの従業員に近くの井戸からドラム缶一杯の水を汲んできてもらい、それを使用して凌《しの》いだ。

彼ら従業員に余計な重労働を強いてしまい、申し訳ない思いがした。

ゲストハウスという人工設備の要塞は、整形手術を随所にほどこした体のようで、あちこちに、頻繁《ひんぱん》な修理・メンテナンスの跡を留めているのだった。

村の診療所の厳しい現実

内戦終結後、この国の復興開発には海外からの援助が毎年大量に投入されてきた。今では国家予算の半分が海外からの援助金でまかなわれているほどだ。そのおかげで、都市部では道路建設も進み、電線も敷設されるなど、さまざまな変化が見られるようになったが、都市部と比べると地方の復興は断然遅れている。

カンピア県内は舗装道路がまったくないため、二、三十キロしか離れていない村の診療所を訪問するのもちょっとした冒険だ。車で道なき道を走り、ついに行き詰ると、うっそうと繁る熱帯雨林の木々の葉っぱをかき分けながら、徒歩で進むなどということもある。川の中洲《なかす》にあるような村には、小型の船を使って移動する。

やっとのことでたどり着いた診療所も、設備が貧弱でどうしようもない。分娩室には分娩台もなく、点滴や基本的な薬剤も置いていないことがある。ベッドはボロボロで、すでに物置と化しているものもあり、息も絶え絶えの患者が床に寝かされていたりする。この環境では、子どもや妊婦が大勢死ぬのも無理はないと思った。

情報管理部のプライマ副部長とともに、県に六十ヶ所ある診療所の内のいくつかを巡回しながら、現実の厳しさを目の当《ま》たりにする。この国の地方に住む人たちにとって、医療サービスなど無きに等しい。

診療所の保健ワーカーは、有資格者として国家認定の看護師で、歴《れっき》とした公務員だ。だが、国の財源不足のため、県に百人近くいる看護師の半数近くは給料を支払われていない。日本などの先進国だったら考えられないことだが、アフリカでは公務員の給料遅配や未払いはよくある話で、それが公務員汚職の一因にもなっている。

しかも、財源が確保された際には、長年待っている人から給料が支払われるという仕組みでもないらしい。県の保健所、さらにその上の保健省の上層部にコネがある人から順に優遇されていくことが往々にしてあるのだそうだ。

「俺は給料をもらえているだけマシだよ。五年、六年給料出てない人もザラにいるからね」

診療所の仕事のズサンさには時折厳しいツッコミをいれながらも、プライマはスタッフの置かれている状況には同情的だった。彼自身はもともと検査技士だったが、県の財政難や人材不足により、情報管理部の仕事や栄養士の仕事など、本来ほかの人がやるべき性質の仕事も任されるようになり、いつも追われるように仕事をしている。

されど、給料がほかの人より良くなるわけでも、役職が上がるわけでもない。だれとは言わないが、働きが悪く、仕事もいい加減なのに、彼より役職も給料も格段に上の人間が何人もいる。人より働こうが、成果を出そうが、給与額や出世とはほとんど関係ない。

途中、車がぬかるみにはまり、周囲の村人たちの協力を得て、なんとか車を押し出すことができた。こんな場所にある診療所に通わなければならない、患者の苦労が思いやられる。

ところが、やっとのことでたどり着いた一軒の診療所にはだれもおらず、建物には鍵がかかっている。

「どうなってんだ。まだ、終業時間にもなってないのに？」

ブライマは腹立たしそうに言って、建物の裏手にまわって行った。離れの小屋で、小柄な中年女性が炭で火を熾《おこ》しているのを見つけた。お昼御飯の支度をしているらしい。彼女がここの診療所の責任者だ。

ブライマが彼女に「職場に常駐していないとだめじゃないか」と注意すると、彼女は多少ふてくされながら、診療所のほうに戻って行った。診察記録の類《たぐい》を点検すると、記録されている患者は極端に少ない。

「いつも、ちゃんと仕事してるのか？　さっきも診療所にいなかったようだけど」

ブライマが診療所の看護師にチクリと苦言すると、彼女は火が付いたように怒りだした。

聞くところによると、この診療所には三年ほどくらい前まで、欧米の有力な医療ＮＧＯの医者や看護師たちが長年常駐していた。

彼らは、シエラレオネ政府が支給するよりははるかに充実した機材と、有能なスタッフをもって、村人たちに無料で診療や治療に当たっていた。おかげでこの地域の人々の健康状態は大幅に改善されたが、彼らが去ってしまったのちに、診療所のスタッフは大きな問題にぶち当ることになった。

一度ただのものに慣れてしまった住民たちは、治療費や薬代を取られることに納得がいかない。しかし、政府から補助があるわけでもなく、今ではほかに支援してくれるNGOもない診療所が、村人からせめて薬代だけでも料金を徴収しなければ、次のストックが買えないのだ。

そのように説明してもなかなか分かってもらえず、

「ごまかしてるんじゃないのか？」

「不正を働いているんじゃないか」

などと事あるごとに村人たちから責められてきた。一部の村人に至っては診療所へのボイコット運動まではじめる始末。そんなこんなで、患者数はここのところずっと少ないままらしい。

怒りを抑えきれない様子の看護師をなだめすかしつつ、この件は保健所内で話し合うと伝えて診療所を後にした。

屋根は壊れ黴《かび》だらけでも

次に向かった診療所は、県の最北の地、ギニア国境沿いの村にある。ここにたどり着くまでに、半日が経過してしまった。今日は、きっとここが最後になるだろう。そろそろ日が落ちるころだった。

診療所の中から迎えてくれたのは、かなり年配の女性で、白髪交じりの髪を編みこんで、ピンクでひらひらのフリルが付いたワンピースを着ている。年齢の割にえらく少女趣味だと思ったら、実はこれが診療所の看護師たちのユニフォームだった。

ここには先程の診療所とは対照的に、ひっきりなしに患者が訪れていた。待合室には老若男女が集まり、乳児の泣き声も響いて大変だ。そんな中で看護師の患者への対応はなかなか堂々としていて、安心感を与える。村人の彼女への信頼も厚いようだった。

だが、残念ながら、彼女が保健所に毎月出してくるレポートは、計算間違いが多く、数字がめちゃくちゃだった。月によってはレポートを出してこないこともある。われわれがここに来た目的は、彼女にレポート記入の指導をするためだったと思い出した。

「毎月、レポートを提出しろなんて無茶言わないでよ。毎日患者の対応だけでも忙しいんだからさ」

彼女にとってはレポートを出せなかったくらいのことで、注意を受けるのは心外のようだった。

「それに、レポート用紙の補充を保健所から送ってくれって、何度も頼んでるのに長いこと音沙汰なしなのはそっちの方じゃないのよ。どうやったら、レポートが出せるっていうのさ」

逆にこちらの非を責められる形になり、ブライマ副部長はたじろいでいる。データ集計のためには、所定のレポート用紙を使わなければならないのだが、保健所にもすでにレポート用紙の在庫がない。レポート用紙追加購入のための予算を県の政府に申請しているものの、なかなか予算が降《お》りてこないので困っているのだとブライマは言い訳した。

近年、世界銀行などの後押しで、シエラレオネでも地方分権化が進められている。中央省庁からの予算や物資の流れは大幅に減り、その一方で県の地方政府を通じて、予算や物資が降りてくるようになった。

しかし、熟練した職員の少ないカンビア県政府での予算執行プロセスは、いつも時間がかかり、また県の予算は地元の政治家の介入を受けやすいために、しばしば不透明な使われ方をしている。

レポート用紙が買えないくらいならまだいいが、患者の治療に必要な薬剤の購入・搬入が遅れることも頻繁にあった。必要な薬剤が長いこと供給されないことに、不満を抱いた診療所の看護師たちが保健所に押しかけ、暴動になりそうな勢いになったこともあった。

その後、県政府の汚職疑惑が取沙汰《とりざた》され、薬品のための予算を使い込んでしまったのではないかという疑惑報道もされたが、責任者に特別のお咎《とが》めもなく、うやむやに終わる。

「レポートのことなんかより、この建物の屋根を直してよ。ずいぶん前に強風が吹いて、壊れちゃったのよ」

診療所の看護師は、別の話題へとわたしたちの注意を逸《そ》らした。

「分娩室」と書かれた部屋に案内される。天井を見上げると彼女の言うとおり、その部屋の鉄板の屋根はまるまる無くなっていた。応急処置として、屋根はヤシの葉で施《ほどこ》されていたが、雨風を完全にしのげるわけではない。部屋は一面に黴《かび》だらけで、壁は黒ずんでいた。

こんなところで、妊婦が出産するのかと思うとゾッとした。

「二年も前から、こんな状態のままなのに……」

と嘆《なげ》く彼女に結局、予算不足の保健所からは何らの具体的対処も約束してあげられず、無力感とともに帰路についた。

とりあえず片付けと掃除から始めてみない?

保健所の一角にある情報管理部の部屋は、いつも雑然としていた。二月に入ると気温も急上昇し、何か黴臭いような、あるいは腐ったような臭いが部屋に充満し、思わず鼻を手で覆う。

「とりあえず片付けと掃除から始めてみない?　部屋が片付いたら、きっと仕事の効率もあがると思うよ」

あまりの不快感に耐えられず、職員たちにそう提案すると、この部屋を担当していた若手職員の一人が「そうだ、そうだ!」と声をあげた。

「そうだよ。お前らが部屋に書類を散らかすから、この部屋はいつもこんな有様じゃないか。

俺はこんなところで仕事するのはもうゴメンだ！」

　プライマは、それに挑発されたのか、激しい口調で反論する。

「冗談じゃない。汚したのは俺じゃなくて、部長のシーラだ。俺だってこんなところで仕事をするのはゴメンだ」

　そう思うんだったら、なぜ自分たちで掃除をしないのだろうという疑問は飲み込みつつ、早速、次の日から大掃除をはじめた。

　棚や机に長年放置されていた書類は、ほとんどが要らないものだと判明し、焼却炉に直行した。床にはお菓子の包み紙やら、ソフトドリンクの空き缶やらが落ちている。ゴミ箱がすぐ近くにあるのに。

　さらに、書棚の上にはいくつも段ボール箱が積まれているが、箱の中に何が入っているのかだれも知らないという。箱の中味を床にぶちまけると、書類の山に埋もれたネズミが大量に出てきた。大人のネズミは早々に逃げてしまったが、生まれたばかりの子ネズミたちがどうしていいのか分からず、チョロチョロと床を動きまわる。

　中に入っていた書類は粉々にちぎられていて、巣の材料になっている。ネズミたちが長い間ここで安穏に暮らしてきたことが分かる。よくもここまで放置していたものだとあきれ返ると同時に、この部屋の臭いの出所を突き止めたことに気持ちが少しスッとした。

　大掃除には十日以上かかった。必要なものと必要でないものを分類するのに時間がかかったのだ。

その間、週に一度ほどしか出勤しない情報管理部のもう一人の職員であるシーラ部長が何度か部屋に顔を出した。

ひょうひょうとした感じの人柄で、みなに〝オスン〟という渾名《あだな》で親しまれている。「煤《すす》のように真っ黒」という意味のあだ名は、親しみの裏返しでバカにしているようにも聞えるが、本人は特別気にしている様子もない。

「せっかく来たんだったら、手伝っていってよ」

とわたしがお願いすると、

「今日は忙しいから、また今度」

とかわし、次の日も、そのまた次の日も部屋には訪れるものの、手伝ってくれる気配はまったくない。その一方で、保健所の中庭で同僚たちとおしゃべりしてゆく時間はたっぷりあるようだ。

お手当て狙いでシーラ部長

最近、シーラが頻繁《ひんぱん》に保健所にやってくるのは、もうすぐ全国で実施される予防接種キャンペーンを取り仕切るためなのだと噂されていた。ＷＨＯ（世界保健機構）やユニセフ（ＵＮＩＣＥＦ［国連児童基金］）の支援金が潤沢に入ったこのキャンペーンの従事者には、それ相応の手当てが出るらしい。

支援機関《ドナー》の支援金が入るこの種のキャンペーン的な活動には、通常業務にはまるで熱心ではない職員たちも、こぞって参加する。

自分が汚した部屋の掃除すらしないシーラが、キャンペーン準備にせわしなく動きまわっている様子を見て、何だか無性《むしょう》に空しい。

わたしのやっていることは一体、保健所の役に立っているのだろうか。この仕事をすることが回りまわって、この地域の人々の健康を改善するようなことが本当にあるのだろうか。医者や看護師をもっと派遣して直接村人の治療をしたり、お金をはたいてキャンペーンをやったりするほうが余程効果があるように思えた。それでも、彼らの態度を見る限り、そういった形の支援が結局、受け手の自立心を思いっきり削《そ》いでしまっていることも、目に見えて明らかだ。

一通り片付けが終わったので、ブライマやほかの職員たちと、ファイリング作業に取りかかった。もうだれもシーラのことを当てにしている様子はない。

グチャグチャと無秩序に置かれていたレポートから、不必要な書類を除き、年別、月別に分けてまとめてゆく。各診療所のレポートは、場所の名前ごとに、アルファベット順に並べる。そして、年度毎、月毎に一つのファイルに収める。こんな当たり前で単純な作業がなぜ出来なかったんだと、何だか腹立たしくなってくる。

まだまだ、現場の人たちの仕事はあまりにも雑で、詰めが甘い。二穴リングのパンチ穴を開けるときも、紙の位置を正確に揃えないで作業をするので、穴の位置が不揃いになって、きちんとファイリングできず、結局わたしがやり直すことになる。

初めは眼に見えて部屋がきれいになるのに気を良くして、それなりに張り切って作業していたプライマたちも、次第に単調な作業の連続に飽きてきたのか、部屋からちょくちょく抜け出しては、やがて戻らなくなった。結局、最後まで作業を続けたのはわたしだけだった。

作業がひと通り終わろうかという頃に、シーラが部屋にやって来て、わたしにレポートの山を手渡した。

「はい、これ。向こうの部屋にあった残りのレポート。これもファイルにまとめておいてくれないか。じゃあ、あとはよろしく」

あまりに人任《ひとまか》せな言い分に、手渡された書類を床にぶちまけそうになった。

作業中、終始イライラ、カリカリしながら、無意識に歯ぎしりをくり返していたらしく、奥歯の金属の詰め物がとれてしまった。

薄井さんに相談すると、フリータウンにはシエラレオネ人が開業している歯医者がいるが、カンビア県には、歯医者はいないらしい。

「もしかしたら、ちょっとした症状でも歯を抜かれちゃうかもしれませんけど、それでもよければ、フリータウンで診《み》てもらったらどうですか」

エエーっ、いいわけがない。仕方なく、地元のマーケットで強力接着剤を購入し、詰め物を自分で詰め直すことにした。しかし、接着剤が強力すぎて、指に詰め物がくっついてしまい失敗だった。数日そのまま放置した結果、虫歯が拡大し、日本に戻ってから大々的な治療を施すことになった。

迷子の子猿「モモ」

わたしが勤務していた地域はカンビアタウンと呼ばれ、カンビア県の中心地にあたるのだが、それでもやはり都市というには程遠い。ゲストハウスから少し歩くと、熱帯雨林の鮮やかな緑の間から、大きな川が流れているのが見える。

村の人々は土地を切り開いて、米、芋《いも》などを育て、川で魚や川エビなどを釣る。周辺の木々には、季節によってオレンジやバナナやマンゴーの実がなり繁る。村人はそれらを収穫して食し、また余剰分は売りさばくことで多少の現金収入を稼いで暮らしている。

週末によく通った散歩コースのひとつは、土レンガでできた民家の間をくぐり抜け、大きなキャッサバ（熱帯で栽培され、根にイモが出来る低木）畑を横切り、川辺《かわべ》を歩いたのちに、両脇にやぶが繁る細道を雑草をかき分けながら戻ってくるというものだった。

川辺ではよく、近所の住人が入浴や洗濯にいそしんでいた。年若い女性が周囲の目を気にすることなく、上半身はだかで体を洗っている。

細道を歩くと、やぶの奥から葉っぱがゴソゴソ擦れあう音がした。ヘビに噛《か》まれることもあるから気をつけろと村人に言われ、おっかなびっくり進む。

やぶの中にはヘビ以外にもいろんな動物が潜んでいた。リスやイタチのような小動物、シカのようなやや大型の動物。どれも村人にとっては貴重なタンパク源だ。時々、ワナにかかった動物が村のマーケットで売られていた。

ある日は、親とはぐれた子猿を見つけた。全体がグレーがかった毛並のよい猿で、鼻の頭が白く尾がとても長い。この地域で良く見られる種類の猿らしい。まだ生後数週間ほどに見える手のひらに乗るほどの小さな子猿は、やぶの中で母親を求めて鳴き叫んでいた。きっと母親はだれかに捕まってとっくに食べられてしまったのだろう。この国の人々は猿肉を好んで食する。

放っておいたらそのまま息絶えてしまっただろう子猿をゲストハウスに持ち帰り育てることにしたが、それ以降、野生動物好きな日本人として近所の人に認知されてしまったらしい。うわさを聞いた行商人が鹿やら山猫やらいろんな動物をわたしのところに売りつけに来るようになった。

オスの子猿には「モモ」と名づけた。シエラレオネでは割とよくある男の子の名前だ。生後間もないころからわたしと一緒にいるため、どうやら私を母親と思い込んでいるようだ。一緒にいると昔日本で流行った〝ダッコチャン人形〟みたいに、腕に張りついて離れない。仕事や外出のとき、腕から引き離そうとすると、ギャーギャー鳴き叫んで毎度毎度大騒ぎになる。

わたしがゲストハウスにいないときも鎖につながず放し飼いだったので、塀をよじ登って外に出てしまうこともあった。近所では「日本人の飼っている猿」と認識されていたので、盗まれる事などないだろうと甘く考えていた。

カンビア県の人々は自給自足に近い生活で、雨季の作物の取れない時期は特に物が不足し、生活が立ちいかなくなる人もでる。そのため、現金収入になるものを見つければ、何でも売ってしまう。

そんな時期にゲストハウスの敷地外をうろついていたモモが、近所の子どもに捕まり、通りがかった隣国ギニアの商人に売られるという事件が起きた。猿の肉を食する習慣のあるこの地域では、猿は売りやすく現金収入を得るのに都合のいい手段だった。

ハウスに帰ってモモのいないことに気づいたわたしは、夕暮れのなか、血相を変えて近所を探しまわり、ギニア商人に買われたらしいと聞いて、ギニアとの国境の方向へ向かった。

もうあきらめた方がいいかもしれないと思いはじめたとき、国境に近い街の幹線道路沿いでモモを見つけた。紐《ひも》でくくられ痛々しい姿で横たわっている。結局、わたしはギニア人が子どもに払ったのと同額の一万五〇〇〇レオン（約三百円）を払ってモモを取り戻した。

後日、モモを売り払った子どもを突き止めて、本人と家族に注意した。八歳になるという子どもは、痩《や》せっぽちで五歳くらいにしか見えない。少年はうつろな目をしてわたしの言うことを聞いていたけれど、理解できたかどうかは定かでない。

三百円もあれば、家族五人が一日、二日は食べられることを思うと、そんな彼らにペットのことでこれほど必死になるわたしのことが、理解できないのは仕方ないかもしれないと思った。

僕をあなたの養子に

村ではどこに行っても、子どもが寄ってくるし、村人に話しかけられる。

「オポト、オポト」

ぞろぞろと子どもたちが歩きながら、人懐っこく呼びかけてくる。オポトというのはこの国に最初に入植した「ポルトガル人」を由来とした白人の呼び名らしい。日本人も現地の人に比べたら色が白いので、とりあえず一緒くたにされている。

そういえば、ザンビアでは「ムズング」と呼ばれ、スーダンでは「カワジャ」と呼ばれていたが、どちらも「白い人」という意味だった。

白いということがこんなにも人目を引くのが、いい加減うっとうしくもなってくる。最初のころはそれなりに楽しかった周辺の散策も、だんだんと億劫になってきた。一人でぼんやり散歩をしたくても、それがかなわない。そのうちに外に出かけることもやめてしまった。

しかし、狭いうえに人口も密集しているカンビア県の社会では、一人になれる場所などほとんどなく、わたしたちの事務所にもひんぱんに子どもたちが訪ねてくるようになった。

わたしたちの事務所は、保健所の中庭に面していて、日中の暑苦しさを緩和するために、中庭側の窓を開放していることが多かった。窓際の席に座っているわたしや薄井さんは、中庭を横切る訪問者の注意をひくらしく、大人も子どもも窓の外から見物してゆく。

初めは外国人見物的な意味合いで寄って来る人が多く、わたしたちが動物園にいる珍しい動物にでもなった気分だった。しばらくすると、個人的な願い事を持ってくる人たちが増えていった。

サッカーの練習がしたいのにサッカーボールが買えない男の子たち、学校の授業で絵を描かなければならないのに、クレヨンや色鉛筆が手に入らないと訴える女の子たち。ひとつ、ひとつは実にたわいもない願い事だ。

「でも、一度こういうお願いに応えると次から次へといろんな人が来て、切りがないから気をつけてね」

薄井さんはすでにこういったことは経験済みらしく、なんだかんだと彼らをうまく交わして追い返している。

ある日、薄井さんのいない時に、中学生くらいの男の子が事務所に訪ねてきた。白いシャツに緑のズボンとネクタイ。この近所のイスラム教系の中学校の制服だ。丸顔でつぶらな瞳のあどけない表情が、何か訴えたそうにして、モジモジしながら事務所のドアの前に突っ立っている。

「何か用？」

「あの、僕、アマラと言います」

身長はすでに大きいものの、まだ声変わりもしていない。

「僕んち、以前にお父さんが蒸発しちゃったんです。お母さんは去年、別の人と再婚して、僕もその家に移ったんだけど、居場所がないんです……」

「……」

「それで、僕をあなたの養子にしてもらえませんか？　僕、日本でもどこでも貴方《あなた》の行くところについて行きます。家のこと、お手伝いもするし、仕事があれば働きます」

アマラ君からの想定外の申し出に、どう反応していいのか分からない。彼は、終始真剣な顔で、わたしが次に何か言うのをじっと待っている。

「あのね、日本で独身者が養子縁組するのはとても難しいの。わたし、まだ独身だから、君を養子にするのは無理だと思う。ごめんね」

考えた末に、そう説明した。相手の真剣さにこちらもせめて真面目に対応してあげなければと思ったのだ。

アマラ君の思いつめた面持ちは、みるみる暗い表情に変わり、それ以上話を続けることもなく、うなだれて帰っていった。

もしかして、あの子は継父に虐待でもされているのだろうか。

アマラ君が去った後、しばらく彼のことが気になって仕方がなかった。どうすることもできないものの、少しばかりの罪悪感を感じた。次の日、様子を探りに彼の中学校まで訪ねることにした。

アマラ君の家庭の事情

アマラ君の学校は、保健所のすぐ近くにあった。夕方になり、すでに授業も終わっていて、生徒たちはほとんど帰宅していた。校舎に近づき中に入ろうとすると、一人の年配の男性に呼び止められた。この中学校の校長先生だといった。

わたしは校長にアマラ君のことを訪ねてみたが、よくある名前のためピンとこないらしい。彼の顔の特徴や後頭部に傷があること、母親が再婚したことなど、知っているだけの情報を話すと、校長先生はやっとだれのことだか察してくれた。

「ああ、その子なら、たしかにうちの生徒だよ。今期はまだ彼は学費を払えていないので、もしかしたら今月中に退学することになるかもしれないね」

人の良さそうな人相をした校長先生は、特別同情心を表すこともなく、淡々とアマラ君の事情を説明する。

アマラ君の母親は、かなり若いころにアマラ君を産《う》み、その夫は数年前に他所《よそ》にもっと若い女をつくって逃げた。母親は昨年、祖父母の仲介で別の年上男性と再婚し、生活は多少向上したものの、再婚相手にもすでに子どもが大勢いて、義父の実子でないアマラ君は家庭でも不遇な立場に追いやられている。

この国では十八才未満で子どもを産む女性の割合がとても高い。早婚は一応、法律では禁じられているのだが、男性も女性もどちらかというと性に開放的で、未婚のまま子どもを作ってしまう未成年も多い。

田舎のほうでは、教育レベルの低さとも比例して、未成年者の妊娠率がいっそう高くなる。電気もなく、ほかにすることがない田舎の環境も原因のひとつだろう。

一月から二月にかけ、ハマターンと呼ばれる風が北のサハラ砂漠のほうから吹いてくる。それによって舞い上げられた砂は空を覆い、シエラレオネでも毛布が必要なほどグッと冷えこむ夜がある。その時期には男女が身を寄せ合って過ごすため、未成年者の妊娠もさらに増えるといわれている。

子どもが子どもを産んでも、まともに育てられるはずもなく、祖父母の援助なくして子育てはなりたたない。幸い大家族で暮らしている家が多く、子どもはだれが母親でだれが父親だか良く分からないような環境で育てられてゆく。

さらに、問題は続く。未成年の父母はその後、学校を続けられずにドロップアウトし、日銭を稼ぐような生活に陥ることが多い。当然、子どもの教育に熱心になれるほどの金銭的余裕もない。そのため、彼らの子どもたちもまた学校を自然にドロップアウトしてゆく。

父母が学校に行き続けることもあるが、その場合、母親が子どもを構ってやれず、小さい頃から母親と別々に過ごした子どもは母乳も満足に与えられず、栄養失調になりやすい。

母乳保育と乳幼児の栄養状態は密接に関連していて、現にこの国の母乳保育率は周辺国と比較しても極端に低く、子どもの栄養状態も悪い。それは乳幼児の死亡率にも反映している。

早婚の父母は、その後離婚する確率が高く、子どもは実家に置き去りになることもあれば、再婚した先で不遇の立場に追いやられることもある。

こうやって、低学歴、貧困、子どもの不健康、虐待が連鎖し、えんえんと循環してゆく。何かひとつに取り組めば解決するような問題群ではないのである。

アマラ君の若い母親には、これまでも、子どもにきちんとした教育をほどこすほどの余裕はなかった。アマラ君の成績は下から数えたほうが早いという。それでも小学校は学費が無料であり、何とか通うことができたようだが、中学校は有料だ。アマラ君がこの先中学校に通い続けるのは難しいだろう、と校長先生は予想していた。

「でも、そんな子どもは、この地域にはごまんといるからね。彼だけが特別じゃないよ」

と、校長は最後に付け加えたが、あの時うなだれて帰ったアマラ君の顔が、その後もしばしば頭にちらつく。彼がわたしの所を訪ねたのは、きっと切実な思いがあったからに違いない。家に居場所もなく、この先、学校という居場所も奪われる彼がこのうえなく不憫《ふびん》に思えた。

校長先生に、アマラ君にわたしの事務所までもう一度来るように伝えてほしいと、お願いした。

翌日、彼は再び緊張した面持ちで事務所にやって来た。

「あなたの学費、卒業するまでの分、わたしが出してあげよう」

わたしがそう伝えると、彼は少し意表を衝かれたようで、「本当にいいの？」と何度もくり返し聞いた。養子で引き取ることに比べたら、学費くらいなんてことない。残り二年間で合計三十ドルほどなのだ。しかし、その程度のお金が払えず、毎年多くの子どもが学校をドロップアウトしてゆく。

「本当にありがとう。僕、頑張って勉強します」

彼はその後、約束通り一生懸命勉強したようで、前の学期より成績があがったと学期末にわざわざ成績表を見せにきた。わたしもちょっと得意な気分になった。

しかし、この村社会では、ささいなことでも人々の噂にのぼる。その後、子どもから大人まで老若男女を問わず、さまざまな人が事務所に訪ねてくるようになった。

「うちの子どもが深刻な病気でフリータウンの病院で手術を受けろって言われたんだけど、うちにはとてもじゃないけどそんなお金がないのよ……」

「高校を卒業したけど、就職先がないんです。この事務所で雇ってもらえないでしょうか。どんな仕事でもしますので」

「村の職業訓練校で大工の技術を身につけたいんだけど、学費が高くって払えないんだ」

進学、就職の悩みから、病気治療や葬式代など、まったく縁もゆかりもなく、会ったこともない人たちがつぎつぎに陳情にやってくる。さすがに、いちいち聞いている余裕もなくなってしまった。以降、この種のお願いごとは一切聞かないに限ると肝《きも》に銘じた。

されど援助は続く

あるとき、首都フリータウンで行われた国の保健戦略に関する会議に出席することになった。会議には、世界銀行や国連など海外援助機関の代表者や保健省の高級官僚など錚々《そうそう》たるメンバーが集まっていた。彼らエリートたちの間で、さまざまな意見が交わされる。

「内戦終了後の数年間で乳児死亡率や妊産婦死亡率もいくらか改善してきてはいるが、この分では、ミレニアム開発目標（ＭＤＧs、Millennium Development Goals）の達成にはまだまだ程遠い」

保健省の官僚は、大口支援機関《ドナー》の代表者から苦言を聞かされ、小さくかしこまっている。

ミレニアム開発目標とは、西暦二〇〇〇年期を記念して、二〇〇〇年九月に行われた国連ミレニアム・サミットにおいて掲げられた世界共通の八つの開発目標である。その中には、貧困と飢餓《きが》の撲滅、初等教育の普及、乳幼児死亡率の削減、妊産婦の健康の改善などが含まれており、百八十九の加盟国の代表が集まって開催された本サミットにおいては、二〇一五年までに達成すべき各目標の数値ターゲットなども設定された。

これら目標の数値ターゲットは、さらに地域毎、国毎にも設定されて以降、国際機関、先進国の支援機関、途上国政府、またNGOなど非政府機関、それぞれがその達成に向けてさまざまな取り組みを行い、資金を費やしてきた。

保健指標が軒並み最悪のシエラレオネのような国は、国際援助関係者の注意を引きやすく、近年、国連や各国支援機関からの保健分野への援助額は増加傾向にある。

会議では、現場の保健行政マネージメントにかかわる外国人専門家として、わたしも意見を求められた。

地方の現場には未だ最低限の物資もないこと、援助依存体質や汚職を改善する努力をもっと行わないかぎり、国の予算や援助金は効率的に使われないことなどを説明し出すと、隣に座っていた保健省の役人にやんわりと発言を制止された。

「そんなこと公の場で話し合ったら、今後の援助に差《さ》し障《さわ》りがあるかもしれないだろう」

とにらまれる。その後、議論の主題はいつしか、公務員の給料、さらに医療費の無料化に及んでいた。

「公務員にやる気がないのも汚職に走るのも、給料が低く、遅配しているのが原因だ」

「医療費を無料化しなければ、貧困層が医療サービスを利用できず、乳幼児死亡率も妊産婦死亡率も劇的に下がらないんだ」

結局、国の保健政策は、この時期を境にして、保健医療の無料化へと大きく舵《かじ》を切っていった。また、看護師をはじめ医療に携わる公務員の給与も大幅に増加した。そして、そこに費やされる国連や各国支援機関の援助金も倍増した。みんな本当にこの流れが正しいと思っているのだろうか。そんな風に考えるわたしのほうがおかしいのか。

以前、開発援助の世界で三十年以上活躍してきた先輩から聞いた、印象深い話が頭を過《よ》ぎった。

「我々は、所詮《しょせん》、その国の土にはなれない。でも、その国の風になることはできるんだ」

短期間しかいない我々のような余所者《よそもの》が、その国の土台を一からつくるような仕事に携わることはできない。しかし、我々のような者でも、その国に風を吹かし、種を運び、何かを育てていくきっかけをつくることはできるのかもしれない。

しかし、現実は、一国の運命を左右するような重要政策の決定に、あまりにも外国人が介入しすぎていて、わたしは、そのことに、ある種の危うさを感じていた。その国の人々の運命は、やはり彼ら自身のもので、彼らが率先してつくり上げていくしかない。

フリータウンからカンビア県に戻ると、保健所の中庭に、何十ものスチール棚が放置されていた。「これは一体なんなのか」と通りがかる職員にたずねても、皆、「さあ?」と首を傾《かし》げるばかりだった。

薬剤師の男性職員が「俺も良くは分からないんだけど」と前置きしたうえで説明してくれたところ、ドナーの支援で購入された薬剤保管用の棚が、中央から一時に送られてきたらしい。

これら大量のスチール棚がフリータウンからトラックで運ばれてきたのは、つい先日のことだった。保健所の建物にはそれらを置くスペースがなく、中庭に放置しているのだが、今後どうすればいいのか、目処《めど》がたたないまま雨風にさらされている。

「本当は、それぞれの診療所に運ぶつもりだったらしいけど、サイズが大きすぎて、どの診療所のドアからも中に運び込めないんだってさ……」

薬剤師はそう言って、さも愉快そうに笑った。

はびこる迷信

保健所内のわたしたちの事務所に、いつの日からか、毎日のように遊びにくるようになった子どもたちがいた。七歳と三歳のアイシャタとアミナタの姉妹は、われわれが仕事で忙しかろうが、取り込み中だろうが、そんな空気をまったく察することなく、部屋に侵入してくる。部屋に入るなり「これは何？　あれは何？」と、何にでも興味を示し、コンピューターをさわったり、はしゃぎまわったりするので、時々手を焼く。子どもに厳しくできない薄井さんやわたしは姉妹が遊びにくると邪険《じゃけん》に扱えず、ついつい構《かま》ってしまっていた。

目がぱっちりとした器量よしの姉妹は、髪の毛をおしゃれに編みこんで、おそろいの手作りのワンピースを着ていた。母親が娘たちを可愛がり、手をかけて着飾らせているのだろうと思った。

母親は保健所の隣にある県病院に長い間入院しているのだ、と後で聞かされた。姉妹が毎日わたしたちの事務所に遊びにくるのは、叔母とともに母親をお見舞いに来るついでのようだ。無邪気に走りまわり、高い声をあげて笑う二人の様子からは信じ難かったが、母親の容態はかなり悪いらしいと病院の看護師たちが噂をしているのを耳にした。

ある日、いつものように二人が部屋に遊びにきたが、姉のアイシャタの元気がない。

「どうしたの?」

と聞いても、現地語まじりの英語の説明ではうまく伝わらない。目が充血していて、額に手をやるとかなり熱がある。どうも具合が悪いと訴えているらしい。慌てて隣の県病院に連れて行き検査してもらうと、マラリアと腸チフスの疑いがあると診断された。

県で唯一の二次医療施設である県病院には医者が一人しかおらず、しかも、その医者は、現在不在の保健所長のポストも臨時で兼任している。

つまり、人口三十万人を抱えるこの県には現在、たった一人しか医者がいないのだ。ロシアでも教育を受けたエリート医師、ドクター・カマラは、この国の多くの医者とおなじように小太りで、やや不摂生気味だ。医者としての腕は病院内でそれなりに評判があるようで、患者の受けも悪くなかった。

しかし、彼は僻地暮らしが性に合わないらしく、また家族もフリータウンに置いてきているため、しょっちゅう上京するので、病院を長期間不在にしたりする。そのため病院は実質的には一年のうち半分は医師不在だった。

病院での患者の診察は通常、重症患者でない限りは彼のもとで働く看護師が行う。看護師では対応できない患者だけを医師のところに送る。医師が極端に少ない病院で効率的に多くの患者を見るためには必要な処置だ。

しかし、アイシャタがマラリアに加えて腸チフスの疑いもあると知り、心配のあまり直接医者のところに駆け込んだ。

「そんなに心配するような症状じゃないじゃないか。君の対応はちょっと感情的すぎる。この程度で死ぬような子どもなら、この国ではこの先も生き延びてもいけないよ」

カマラ医師はそう言って、アイシャタにマラリア治療薬や抗生物質などを処方し、早々にわたしたちを追い払った。

「それより、僕のところに来るときは、ちゃんとルールを守ってくれないか」

看護師の診断をすっ飛ばしたことでドクターの注意を受けてしまった。そう言われて、部屋の外で待っている数人の患者には申し訳ない気持ちになる。

以前、薄井さんが奥地の診療所を訪問したとき、極度の栄養失調児を見つけて、プロジェクトの車でそのまま県病院に連れ帰り入院させたことがあった。

それについても、ドクター・カマラがルールを守れと注意していたことを思い出す。

緊急患者が診療所を訪れた場合、そこの看護師が病院に早急に連絡を取り、救急車を呼ぶことになる。救急車のガソリン代は患者持ちで、支払えない場合は救急車を出動できない。非情なようだが、予算不足の県ではガソリン代まで負担していると、すべての患者に対応できなくなってしまう。

また、ほかの車で患者をただで運ぶこともやめてもらいたいとドクターは言う。

「だって、ほかにもそういう要請が村からあったら、対応できないだろ。特例をつくってはいけないんだよ」

もっともといえば、もっともな話だ。しかし、命を失いかけている人を目の前にして、そんな原理原則に冷静に従えるものだろうか。

県病院の救急車は調子の悪いことも多く、しょっちゅうメンテナンスに出している。時々出動しているのを見かけるが、途中でガソリンを入れている。カンビア県にあるガソリン・スタンドは、手動ポンプのため、給油にもえらく時間がかかる。その間に患者が亡くなったりしたら、笑えない話だ。

程なくして、アイシャタとアミナタの母親が亡くなったとの知らせを聞いた。病院に連れてこられた時には、すでに肝臓がかなり悪くなっていて、県病院では手術などの有効な手立てもほどこせないまま、日に日に状態が悪化していったのだそうだ。

二人の姉妹は別の県の親戚の家に引き取られることになり、最後のお別れにと叔母に連れられてわたしたちのところにあいさつにきた。二人に何と声をかけていいのか分からず、押し黙っていたが、二人の様子からはまるで悲壮感を感じず奇妙に思った。母親が死んだという事実を理解出来ていないのだろうか。餞別《せんべつ》にとわたしが日本のチョコレートをあげると、姉妹は目を輝かせて喜んでくれた。

病院の看護師によれば、姉妹はしきりに「ねえ、ママ死んだの?」と聞いてきたらしい。きっと理解はしているだろうということだった。

死が日常的に訪れる生活の中で、村の人々の間には、呪術《じゅじゅつ》など、迷信への信仰が浸透している。原因の分からない病気にかかった時、大半の人々はまず病院や診療所ではなく、祈禱師《きとうし》のところへゆく。

祈禱師の施術は伝統的な薬草を使うなど、時に効果的なこともあるが、まったく理にかなっていない呪術的な処置をほどこすこともある。

「お前の病気は、お前と仲の悪い○○によってかけられた呪《のろ》いによるものだ」などという祈禱師のことばを真《ま》に受けて、呪いを解消してもらうために祈禱師に大金を積む人もいる。

焦《あせ》らないで行こうよ

レントゲンやCTスキャンなどの近代設備があれば、簡単に特定できたであろう病気も、設備のない、ましてや医者も常駐していないような病院や診療所では診断も難しい。人々が呪術信仰にいつまでも頼るのは、ある面で仕方がないことのように思える。ちなみに、この国にはCTスキャンが一台もない。

アイシャタとアミナタの母親も初めは祈禱師のところで、病気は呪いによるものだと言われた。しかし、お祓《はら》いをしてもらっても一向によくなる気配がなく、病状が深刻になって初めて病院に連れてこられた。県病院のドクター・カマラは、迷信深すぎるカンビア県の人々に呆《あき》れていた。

つい先日のこと。病院の建物を増築するために、ドクターは、「病院の庭に生えていたコットンの木を切れ！」という指示を病院のスタッフに出した。だが、皆こわがって彼に従おうとしないのだという。

シエラレオネの人々の間では、コットンは神聖な木と見られている。フリータウンの中心地にも巨大なコットンの木が街のシンボルとして残されているが、樹齢何百年もあるようなこのような木に対しては、人々は特に畏怖《いふ》の念を持っている。

ドクターは、仕方なく外部の業者にお金を払い、庭のコットンの木を伐採させた。

その後、その作業にかかわった数名のメンバーが次々と原因不明の病に倒れ、亡くなったメンバーも出たという噂が、病院スタッフや保健所の職員の間でまことしやかに流れた。

「たまたま病気になっただけだ。コットンの木と関係あるわけないじゃないか」

そう言いつつも、ドクターも内心は落ち着かないようだった。しばらくして、そのドクターも姿を見せなくなった。理由ははっきりしないが、フリータウンの病院に入院中とだけ病院関係者から聞かされた。

その話題は、地方新聞のニュースにも取り上げられ、「コットンの木の呪いか?」という見出しが大真面目に掲げられていた。

わたしが帰国したのちに、ドクターも亡くなったと風の便りで聞いた。本当の理由は明らかにされなかったが、エイズを発症していたらしいとも聞いた。

「やっぱり呪いは本当にあるんだ」

医療に携わる保健所の職員の間ですら、しばらくは、そのような噂で持ち切りだった。

ドクターが入院したのち、県には医者が一人もいない期間が長く続いた。それでも、救急患者はひんぱんに村から病院へと搬送されてくる。

病院から研修のため東京へ派遣されて、先ごろ帰国したばかりの看護師長が、毎日てんてこ舞いで対応していた。

海外渡航自体が初めてのことだった看護師長は、東京には度肝《どぎも》を抜かれたらしく、「階段が動いた」だの、「電車がめちゃくちゃ速い」だのと、毎日のように体験談を職員たちに聞かせていた。

「でも、あんな豊かな国で、なんで多くの人が自殺するのかしら?」

彼女は日本滞在中に見たテレビ番組で、日本では毎年三万人以上の自殺者がある事を知ったのだった。

死と隣り合わせの暮らしをしているシエラレオネの人々の間では、自殺をする人などほとんど聞くことがなかった。国連の発表する人間開発指数が最下位の国の人々にとって、常に世界で上位十位前後の日本で、これほどまでに自殺者の多いことは不可解のようだ。

情報管理部の部屋がきれいになってから、心無しか、個々の職員の勤務態度が変わってきたように思えた。

部長のシーラは相変わらず来たり、来なかったりだが、副部長のブライマやほかの職員は、黙々と作業に従事している。

コンピューター仕事に慣れてきた若手職員が最近、データ入力の仕事を手伝ってくれるようになり、毎月の保健省へのレポートも遅れずに出せるようになった。

次は、入力したデータを使って、情報分析ができるようになりたいと、せっかちなブライマはわたしを急《せ》かす。

わたしは、自分に言い聞かせるようにブライマに言った。

「焦《あせ》らないで行こうよ。ここはアフリカなんだから」。

あとがき

「信じられない！　なんてことなの！」

ブロンドの髪を振り乱したイギリス人のキャサリン医師の、悲鳴のような声が響く。

わたしたちはいま、西アフリカ、シエラレオネのとある村にいる。首都フリータウンから車で四時間ほどの地方都市マケニから、さらに未舗装のデコボコ道を車で揺られて三時間ほど先の、小さな診療所でのことだった。

まだ壁の塗装も終わっておらず、コンクリートがむき出しの平屋の診療所の待合室。その十六畳ほどのスペースにびっしりと敷き詰められ長椅子に、村の女性や子どもたちが肩を寄せ、身を縮めて、こぼれ落ちそうになりながら座っている。自分たちの名前が呼ばれるのを忍耐強く待っているのだ。

十一月もすでに半ばとなり、涼しかった雨季がおわり、蒸し暑い季節が到来していた。診療所のトタン屋根は、雨風をしのぎ、直射日光を防いでも、暑さに対しては全くの役立たずだ。日光で熱せられたトタン屋根の熱気を、室内にこもった空気が閉じこめ、蒸し風呂のような空間をつくっている。そのなかに、患者の体臭や消毒剤の塩素の臭い、乳幼児たちの泣き叫ぶ声が充満して、待合室の不快指数を高くしている。

そんな所で四十度近くの高熱でぐったりしている幼児や、貧血で今にも倒れそうな若い女性が患者の列のなかで長時間待たされているのを見つけ、キャサリンは怒声をあげていた。

「このままじゃ、この子たち、死んじゃうじゃないの！」

スタッフの患者対応のいい加減さに、腹立たしいやら、呆《あき》れかえるやら、彼女はもどかしそうに爪を噛みながらまくし立てている。

わたしたちは、シエラレオネ国の保健省の所管で、保健行政を強化する外国人アドバイザーとして仕事をしている。

首都フリータウンの中央にそびえたつ十階建ての幅広の建物が、わたしが毎日通う合同庁舎ビルで、保健省はその五階と六階に位置している。中国の援助で数十年前に建設されたというこの建物は、老朽化がひどく、停電も頻繁《ひんぱん》に起きる。

定時の八時前に到着すると、まだ建物の清掃が終わっていなくて、通路や階段はゴミだらけだ。どこから入り込むのか、階段の踊り場に犬の糞なども落ちているが、そんなことにはいちいち驚かないほど、ここの日常にも慣れてきた。

開発援助の仕事に携わるようになってから、かれこれ十年。途上国の農村や都市のスラムを対象としたプロジェクトを転々としてきたわたしも実は、一国の中央政府のなかで働くのは初めての経験だ。

外国人アドバイザーの存在は珍しいのではと思い込んでいたが、シエラレオネ保健省には、日本の国際協力機構（ＪＩＣＡ）に雇われて派遣されたわたし以外にも、国連機関や各国の援助機関、民間シンクタンクなどに雇われているイギリス人、マラウイ人、オランダ人、ナイジェリア人など、外国人部隊が数多くそろっていた。

彼らと一緒に国の保健政策の課題を議論していると、ここは一体どこの国だったかと、不思議な気持ちになってくる。

わたしが配属されたのは、保健省の計画・政策・情報局という部署で、国内各地の公的医療施設や保健所と連携して、罹患率《りかんりつ》や死亡率その他の保健衛生関連データを収集・分析して、政策立案や計画遂行に反映させるという役割を担っている。

地方の公的医療施設への巡回指導（モニタリング）を定期的に行うことも保健省の重要活動の一部なのだが、わたしの今回のミッションは、しばしば滞《とどこお》りがちなその活動を軌道にのせ、それが効果的に行われていくための仕組みづくりや体制強化をサポートすることだ。

フリータウンの合同庁舎を抜け出して、四日間の予定でマケニのあるボンバリ県にやってきたのは、その巡回指導活動を同行視察するためだった。

一緒に巡回指導活動に同行したキャサリン医師は、世界保健機構（ＷＨＯ）に雇われた短期アドバイザーで、この活動に対して医療面からの監督指導を行っている。三十年以上のキャリアを持つベテラン小児科医だが、現場に出れば、駆け出しの若者のように人一倍一生懸命で、そして感情的な人だ。

「ああ！　患者に注射をする時は、手を洗いなさいと言ったでしょ！　使い終わった注射器もその辺に転がしておいたらダメじゃないの！」

本来は、保健省から巡回指導員としてやって来た数人の役人たちが、診療所のスタッフに指導を行う立場にある。しかし、監督指導役のキャサリンがつぎつぎと直接口を出すので皆、自分の仕事を忘れて傍観している。

診療所には、最近ここに配属されたばかりという若い准医師がいて、キャサリンの苦言を、しかめっ面で聞いている。保健省の指導員たちは、暑さで参ったのか、早く帰りたそうな素振りを隠さない。

一人でも多くの子どもの命を救うことを使命としてきた熱血女史の小児科医は、そんな状況に業を煮やして、ついには自らが患者の治療に乗り出していた。

一日の順回活動が終わり、マケニに戻ると、宿はどこもいっぱいで、空《あ》いている部屋を探すのに狭い街中を二時間近く車で走りまわる羽目になった。

マケニは国で三番目に大きな都市だが、いまだに電気がほとんど通っていないような状況だ。それでも以前よりは大分活気づいて、街中には、車やバイクが騒々しく走りまわる。外国人宿泊向きの、自家用発電機を備えた宿はすでにほとんど満室だった。

近くに鉄鉱石の採掘所があり、中国、イギリス、南アフリカなどの企業がこぞって出資し、人を送りこんでいるために、一時的に人口が増えているせいもあると聞いた。

二〇〇八年十一月に初めて仕事でシエラレオネに来てから、足掛け三年が経っている。当初は、ある地方のプロジェクトに短期間だけ関わる予定だったのが、その後、中央政府で働くことになり、この国との付き合いは予想外に長くなってしまった。

三年前には世界で一番貧しい国と見なされていたシエラレオネは、ここ数年、ダイヤモンドや金に加えて、鉄、ボーキサイトなど、豊富に産出される資源の恩恵を受け、国の実質経済成長率も毎年五パーセント程度と、経済的にもそこそこ安定してきている。

今では世界で八番目くらいに貧しい国となり、その下には、ブルキナファソ、リベリア、チャド、モザンビーク、ブルンジ、ニジェール、コンゴ民主共和国などの国が続く(「国連開発計画、人間開発報告書」二〇一一年版)。ちなみに、下位十五位までは、すべてアフリカの国々だ。

一方、これら資源の採掘や加工には、かなり巨額の海外資本が入り込んでいて、資源による利益が国の歳入にどの程度貢献しているのか、またどの程度が汚職に蝕《むしば》まれているのか未知数である。そもそも、これだけの資源を国独自で管理し、有効に活用できる政府であれば、世界で八番目に貧しい国という位置には甘んじていないだろう。最近では、石油の埋蔵も発見され、ますます外資の参入が激しさを増しそうな気配だ。

町はずれのホテルにようやく一部屋空きが見つかり、そこに泊まることにした。宿には自家発電はあるものの、テレビがないので、受付でラジオを借りてBBCニュースを聞く。リビアの独裁者、カダフィーが捕まって殺されたという報道が流れた時も、地方出張に出ていて、首都に帰るまで詳しい情報がなかなか入らなかった。せめてラジオだけでも聞いて、最新のニュースにキャッチアップしなければ、何となく落ち着かない。

今年に入ってからもアフリカ諸国でいろんな出来事が起きているのに、当のアフリカにいるわたしのほうが、そのニュースに疎《うと》いとは……。

窓が小さく狭い部屋の暗くて黴臭《かびくさ》いベッドのうえで、かたくなった身体《からだ》をもみほぐしながら、ぼんやりとラジオを聞いていた。岩だらけのデコボコ道を、車の後部座席で長時間揺られればなしだったので、お尻が痛いだけでなく身体中がこわばっている。自分なりにマッサージやストレッチをしているうちに、ようやくベッドの黴臭さにも慣れ、リラックスしはじめた。

ベッドに横たわりながら先日、一緒に働いているドライバーの子どもが亡くなったと聞いたときのことを思い出していた。正確には、生まれるはずの子どもが死産だった。

年若い奥さんは初産《ういざん》で、しかも相当難産だったらしい。フリータウンにある小さな公的診療所で何時間も陣痛に耐えた挙句《あげく》、その診療所では手に余る出産だと判断され、近くの総合病院での帝王切開を勧められた。

ドライバーの彼が、携帯電話で奥さんの状態についてやり取りするのを、わたしはちょうど傍《かたわ》らにいて聞いていた。この国の公用語は英語だが、人々は、「クリオ語」という英語に現地語を加えたクレオール言語を事実上の国語として使う。現地人同士の会話もある程度聞き取ることができる。

彼は、政府の病院の対応は信用ならないからと言って、ほかの私設病院に転院してくれるよう頼んでいた。

そうなのだ。つい昼間に訪れた村の診療所でも、一週間ほど前に政府の総合病院で帝王切開手術を受けたばかりという女性が訪れていて、術後の対応がまずかったのか、傷口が化膿《かのう》してひどいことになっていた。

この国では、昨年から乳幼児と妊産婦を対象に、公的医療施設でフリーヘルスケア・サービス、つまり無料の診療・治療サービスを公式には実施していることになっている。

しかし、実際に診療所に足を運んだ患者からは「薬が全くない」「治療にお金を取られた」などという声があちこちで聞かれる。また無料であっても、安かろう悪かろうで、病院で術後感染した先の女性のように、いい加減な処置を施《ほどこ》されて帰されてしまう患者もいる。

このフリーヘルスケア・サービス運営のために膨大な量の機材や薬品が購入される。その資金源は言うまでもなく、ほとんどが海外援助である。

ある機関の調査によれば、フリーヘルスケア・サービスに投入された公的資金の半分以上が、使途不明金になってしまっていて、何らかの不正に流用されたのか、会計記録にも明確に残っていないという。

シエラレオネで、乳幼児や妊産婦にタダで提供されるはずだった薬品が、隣国ギニアやリベリアで大量に売りさばかれていたというような事態も、時々発覚する。

不正や汚職が当たり前で、公的資金が無駄に使われていても、まだまだ援助はやってくる。そのような状況に慣れてしまえば、上から下まで政治家や政府機関の役人にモラルも覇気もなくなるのも当たり前なのか。その陰で、助かるはずだった人の命が数多く失われている現実にため息が出てしまう。

若妻を私設病院に転院させるためには、二百ドルほどの費用がかかると聞き、ドライバーの彼は苦悩の表情を浮かべていた。彼の二ヶ月分の給料に相当する。そんな貯《たくわ》えは彼の手元にない。

「家族や友人とも相談して、お金を工面しなきゃいけないんで、それまで少しだけ待っていてもらえないでしょうか」

彼はそう言って、携帯電話を切った。細身の彼が、この瞬間にますます細くなってしまったような気がした。

わたしに支援依頼がくるものと思っていたのだが、何かを訴えるような目をして、ちらりとこちらに視線を向けただけで、結局何も相談を持ちかけられなかった。実はわたしは彼に百ドルほど貸している。その返済が滞《とどこお》っていることに触れてしまうことを恐れたのかもしれない。

その後、彼は親戚や友人に電話をかけまくり、何とかお金の工面に目処《めど》がついたものの、帝王切開の処置もむなしく、お腹の子どもは死産だったと次の日に聞かされた。

もしかして、あの時、わたしのほうから支援を申し出ていれば、もう少し早く手術が受けられて、お腹の子どもが助かったかもしれない……。

そんなことを考えて胸が痛んだ。しかし、急激に襲い来る眠気にかき消されるように、いつの間にか頭のなかは空っぽになり、シーツが少し湿っぽい感じも気にならず、ぐっすりと眠りこんでいった。

翌朝一番で、昨日の診療所を訪れた。診療所のスタッフが、前日の指導をきちんと守れているか確認しに来たのだ。そして、またキャサリンの金切り声を聞く羽目になる。昨日教えたように患者のトリアージ（限られた状況下で最適の治療の優先順をきめること）がおこなえず、モタモタして患者を待たせたからだ。

「あなたは、アフリカでの職歴が長いのね。だから、きっと、そんな風に冷静でいられるのかしら。私にはこの国の状況は時々耐え難いわ」

アフリカ勤務の浅いキャサリンから、ほめ言葉とも皮肉ともとれるような評価をもらってしまった。

わたしのアフリカ勤務は、今年で十年目となった。振り返ればさまざまな出来事が思い起こされ、長いと言えば長かったし、アッという間であったような気もする。そのなかでわたしが身に着けたある種の冷静さは、諦《あきら》めなのか、妥協なのか……。

ふと、診察室と待合室に、手洗い用の赤いバケツが置かれていることに気づいた。中には近くの井戸から汲んできた水が入っていて、すぐ横に石けんが置かれている。

昨日は目にしなかったものだ。我々が診療所の衛生改善を指導して帰って行ったのちにあたふたと用意したのだろう。そのときの様子を想像すると、何だか彼らが愛《いと》おしくも思えた。


この十年間でわたしが身に着けたものは、相手を長い目で見守る忍耐力と楽観主義なのだろう。そう思うことにした。

以前、先輩コンサルタントに聞いた印象深い話を改めて思った。

「我々は、所詮《しょせん》、その国の土にはなれない。でも、その国の風になることはできるんだ」

短期間しかいない我々のような余所者《よそもの》が、その国の土台を一からつくるような仕事に携わることはできない。しかし、我々のような者でも、その国に風を吹かし、種を運び、何かを育てていくきっかけをつくることは、できるのかもしれない……。

それを、わたしに当てはめてみると、まだまだ、「風を吹かす」というよりは、もっともっといろいろな「風に吹かれて」、母が常々「人生の視野を広げるためには、世の中の最高のものと最低のものを経験する必要がある……」と言っていた言葉の意味を、少しずつでも分かることのできる門口に立てたような思いがしている。

なお、本文中に使った「部族」という言葉は、より大きな集団である「民族」と区別する意味で使ったもので、「未開、野蛮」などのを意味を含む意図のないことをお断りしておきます。

最後になりましたが、快く取材に応じて下さった、特定非営利活動法人アドラ・ジャパンのみなさん。折に触れてご助言をいただいた、以前わたしが所属したアムダの理事長・菅波茂氏やアムダ社会開発機構理事長・鈴木俊介氏。出版にあたってお世話になった原書房第二編集部の奈良原眞紀夫氏、小峯寿朗氏を初め、ご理解とご協力をいただいた多くの方々に感謝し、お礼を申し上げます。

二〇一二年五月三日

藤沢　伸子

藤沢伸子（ふじさわ・のぶこ）
東京都出身
東京女子大学文理学部社会学科卒業
創価大学大学院経済学研究科修士課程修了
オランダ社会学大学院大学地域開発学科修了
NGO職員、開発コンサルタント、JICA専門家などの立場でバングラデシュ、ザンビア、ジブチ、シエラレオネその他の途上国開発援助の現地業務を歴任。

アフリカの風《かぜ》に吹《ふ》かれて
途上国支援《とじょうこくしえん》の泣《な》き笑《わら》いの日々《ひび》

●

2012年7月20日　第1刷
2013年5月25日　第2刷

著　者……………藤沢伸子《ふじさわのぶこ》

装幀者……………佐々木正見
発行者……………成瀬雅人
発行所……………株式会社原書房
〒160-0022 東京都新宿区新宿1-25-13
http://www.harashobo.co.jp
振替・00150-6-151594

本文組版……………有限会社ファイナル
本文印刷……………株式会社平河工業社
装幀印刷……………株式会社明光社印刷所
製　本……………東京美術紙工協業組合

ISBN978-4-562-04853-3